子どもたちが育つ

# 学級経営

～安心・安全な居場所づくりのために～

第二版

山本木ノ実　植田和也
金綱知征　松岡敬興　藤上真弓

美巧社

# はじめに

本書初版を発行した2020年は、新型コロナウィルスが感染拡大し、学校の臨時休校やオンライン授業の実施、学校行事が中止・縮小される等、日本中の学校がこれまで経験したことのない状況に陥りました。あれから３年後、コロナは第５類に移行し、ようやく活気のある学校が戻ってきました。

その間、GIGAスクール構想に基づく一人一台端末の環境整備や令和の日本型学校教育、生徒指導提要の改訂、働き方改革の推進、部活動の地域移行等、教育現場では様々な変化がありました。国の改革があったからだけではなく、それぞれの学校が、これまでの取組を全教職員で見直し精選・改善を行ってきました。コロナ禍を経験したからこそ、変わることができたのかもしれません。

今、多くの学校では、年齢層に偏りがあり、若い教員が増えてきています。大学時代にオンライン授業を経験していたり、日常的にSNSを使いこなして多様な人たちとも気軽に交流したりして、ICTの活用や外国語でのコミュニケーションにもあまり抵抗がないのではないでしょうか。

そうした若い世代の皆さんだからこそ気づける新たな疑問点やアイデアを学校の中で発信し、自分の得意なことを大いに活かしてほしいと思います。コロナのように、これからの社会や学校では、予測できないことがまたいつ訪れるかわかりません。そのような未来を生きていく子どもたちを育てていく教師として、皆さんの若い力を学校で発揮してほしいと願っています。

しかしながら実際の学校現場においては、日々起こる様々なトラブルの対応や配慮を要する子どもたちへの支援、保護者への対応等、教材研究どころか、たくさんの業務に追われて一日の時間があっという間に過ぎてしまい、皆さんが思い描いていた教師像とは大きくかけ離れていると感じるかもしれません。もっと子どもたちと向き合ったかかわりをしたい、子どもたちが主体的に考える授業をしたいと思っても、時間が足りなかったり、どうすればいいのかわからなかったり、どうして思うようにできないのだろうと悩んだりと、モヤモヤを抱えているかもしれません。

皆さんの中には、これから教師を目指そうとしている人、今年初めて教壇に立ったけど、なかなか思い描いたようにできないと感じている人、教師になって何年か経ち、教師の喜びや難しさを何度も繰り返し経験している人など様々な人がいること思います。隣の先生の学級はうまくいっているのに、どうして自分の学級だけ…と思うことがあるかもしれません。でも、あなたの周りにいるベテランの先生方も、何十年か前は誰もが新採教員であり、おそらく同じように悩んだ時期があったはずです。それが、子どもからの「来年も先生のクラスになりたい」という一言で、また来年も頑張ろうと思えるようになるのです。そうしながら、一年また一年と少しずつ教師としての経験を積み、特に深くかかわった子どもが卒業していく姿を見ると、それまでの悪戦苦闘した日々を思い出しながら、「教師になってよかった」としみじみと感じることでしょう。

学校では、日々いろいろな出来事が起こり、学級担任はその場で臨機応変に対応しなければなりません。一方で、その場だけでは解決しないことも起こります。そんな時は、放課後お茶を飲みながら他の先生方に話を聞いてもらうだけでも気持ちが軽くなり、翌日からのヒントがもらえたりもします。しかし最近は、働き方改革等で早い退勤を促されます。そのため、放課後ベテランの先生方に学級経営で困っていることのアドバイスをもらったり、気になる子の相談にのってもらったりする時間がなかなか取れなくなってきているのが現状です。

そこで、本書は、教師を目指す学生や初任者教員、若年教員にとって、学級経営の基本的なことを分かりやすくまとめ、具体的な実践例を紹介することで、日々の学級経営の参考になればと考えました。学級担任の役割や学級の子どもたちの理解、また、気になる子どもへのかかわり等、学級担任として大切なことを「子どもたちが育つ学級経営」のコツとして、学校に活力を与える若い先生方にお伝えします。本書が、明日からの子どもたちとのかかわりのヒントやエネルギーになれば幸いです。

令和６年３月
山本　木ノ実

# 目　次

# 第1章

## 学級経営と学級担任

# Ⅰ　「学級経営」において大切にしたい視点

## はじめに

学級経営について考え実践するうえで、令和４年12月に改訂された生徒指導提要の趣旨やポイントを理解して、子どもたちに関わることが肝要である。ここでは、その基本的な考え方や改善に向けたポイントについて確認したい。

まず、生徒指導の定義と目的を理解することである。生徒指導提要では、「生徒指導とは、児童生徒が、社会の中で自分らしく生きることができる存在へと、自発的・主体的に成長や発達する過程を支える教育活動のことである。なお、生徒指導上の課題に対応するために、必要に応じて指導や援助を行う」と明示されている。そして、生徒指導の目的を達成するためには、児童生徒一人一人が自己指導能力を身に付けることが重要とされ、実践上の視点として、①自己存在感の感受、②共感的な人間関係の育成、③自己決定の場の提供、④安全・安心な風土の醸成が求められている。また、生徒指導を学校全体で推進するにあたって、重層的支援構造として２軸３類４層に整理され図示された。なかでも、全ての児童生徒を対象に、全ての教育活動において進められる生徒指導の基盤となる、第１層の発達支持的生徒指導の充実が強く求められている。

さらに、即応的な対応や継続的な対応だけでなく、どうすれば起きないようになるのかという点に注力することも記載されている。加えて、児童生徒の権利に関する理解を深めること、生徒指導と教育相談が一体となったチーム支援の重要性も求められている。このような点を踏まえながら、学級経営の意義と役割をみつめ直して、実践につなげていくことが重要である。

## １　「学級経営」って何だろう？

あなたが小学校や中学校で出会った当時の学級担任の先生は様々な点に配慮しながら、一つの学級集団として学級を経営していたことだろう。

| Q. 学級経営という言葉から、どのようなことをイメージしますか。 |
|---|

小学校学習指導要領第１章総則の第４の１の（1）では、「学習や生活の基盤として、教師と児童との信頼関係及び児童相互のよりよい人間関係を育てるため、日頃から学級経営の充実を図ること。」（中学校も同様）と明示されている。

学級は、子どもたちが楽しく豊かな学校生活を過ごすための基盤であり、学級という基盤が安定してこそ、健全な成長発達や人間形成が促される。

学級経営とは、「学校経営の基本方針をもとに、学年及び学級を単位として展開される子どもたちの学習活動や集団活動が有効に成立するよう、人的・物的・運営的諸条件を総合的に整備し運営すること（有村2003）」と考えられる。換言すれば、「学級を基盤として、一人一人の子どもたちが成長発達するように、学級を単位として展開される様々な教育活動の成果が上がるよう、諸条件を整備し指導（運営）していくことの総称」とも捉えられる。ただし、学級担任の仕事内容のどこまでを指すのか等、論者によっては様々である。[註1]

## 2 学級経営に関わる多様な捉え方

我が国における学級経営という用語や考え方は、明治45（1912）年に出された澤正（当時、富山県師範学校附属小学校主事）の『学級経営』にその源流を見ることができる。澤の考え方は、子どもの生きるエネルギーや能力をいかに引き出すかという教育（Education）の根本精神に根ざしたもので、当時の法規を適用して学校を管理的に捉えようとする考え方に対して、学級経営の主体性の確立を主張しようとする画期的なものとされる。その後、大正期以降に学級経営論が展開されることとなるが、ここでは「新教育学大事典（1990）」に記されている6つの考え方（宮田丈夫の整理による）をもとに簡単に紹介する。

①学級王国的学級経営論（学級セクショナリズムを基底においた学級王国論）

②共同社会学校的学級経営論（教師と生徒は共存するという意味での「共同社会学校」を基底。学級全員を『真の生活共同体』を目指し、各個人を一個理想的人格の所有者とすることが、中心の目標とされた。）

③地域社会学校的学級経営論（学級は児童生徒の学習の集団単位。学校経営の方針や計画の具現化において、何等かの統制を受けるが、学級の個性を否定するものではない。その自由が認められ、個性が尊重されなければならない。）

④生活綴方教育的学級づくり論（学級を生きた子どもの集団として捉え、その集団の質的発展を生み出す仕事とする。学級に、何でも言える情緒的許容の雰囲気づくり、生活を綴る営みを通して個々の子どもの真実を発言さ

　せる、一人の問題意識を皆の問題にする仲間意識の確立、を目指した。[註2)]

⑤集団主義教育的学級づくり論（集団を教師の働きかけにより目的意識的に組織化することで学級づくりと捉えた。手立てとして、班づくり、核づくり、討議づくりの３側面。班の団結・行動、意識の高さが重視された。[註3)]

⑥社会学的学習集団づくり論（社会学・社会心理学の行為理論人間関係論を背景に、学級集団を望ましいパーソナリティ形成、態度形成の準拠集団と捉え、人間関係の相互作用やコミュニケーションを重視し、知的で社会的な学習を促進することを学級づくりの目標とした。[註4)]

　前述したように論者による様々な概念や捉え方の違いがあるのは、このような系譜や多様な背景にも影響を受けていると言える。

## ３　学級経営において大切にしたい視点

### （1）　確かな児童生徒理解　～信頼関係づくりへの第一歩～

　学級経営において、最も重要なことは児童生徒一人一人の実態を把握すること、**確かな児童生徒理解**である。そのことは、様々な教育活動において成果を上げるための大前提と言っても過言ではない。児童生徒理解と簡単に言っても、困難を要するのは児童生徒が全て異なった個性を持った存在であるということだ。そこで、一人一人の児童生徒を客観的かつ総合的に認識することを意識したい。**共感的**に児童生徒の気持ちを理解しようと個々に愛情をもって接することが、**信頼関係を築く**上で極めて重要である。そのような教師の姿勢は、子どもとの物理的距離を縮めて、心理的な壁をなくすことにもつながり、子どもの「こころの接近」を感得できるようになる。具体的には、第２章Ⅴを参照されたい。

### （2）　支持的な風土で存在感を実感できる場

　年度当初に個々の児童生徒が集まった一つの集団としての学級が、初めから理想的な学級の状態ではないであろう。些細なことでのトラブルや教師の見ていない場でのいじめにつながる言動など、どの学級においても考えられる。

　児童生徒にとって、学級が**支持的な風土**であり、**一人一人の存在感を実感できる場**であることは、楽しい学校や学級である上で極めて重要であろう。

　そのため、児童生徒の規範意識を育成するため、必要な場面では学級担任として毅然とした対応を行いつつ、相手の身になって考え、相手のよさを見つけようとする学級、互いに協力し合い、自分の力を学級のために役立てようとする学級づくりを意識してほしい。そのことが、一人一人が認められたり、充実感を感じたりするなど、学級に対しての存在感を実感できる場となる。同時に児童生徒相互の好ましい**人間関係を育てていく**ことにもつながる。

このように、学級の風土を常に支持的な風土にしていこうとすることが大切であることを再認識してほしい。そして、学級の成員である一人一人にとって、自らが所属する学級で、例えば、係・当番活動や班活動など多様な機会に、**自己存在感や自己決定の場**を与え、自ら判断し、責任をもって行動できるように見守りながら指導してほしい。詳細は、第２章Ⅵの事例を参照されたい。

### (3)　連携による開かれた学級経営

学級担任は、他の教職員や保護者との連携を大切にしながら、開かれた学級経営の実現を目指してほしい。

#### ①他の教職員との連携と報・連・相

学級経営は、学級担任を中心として行われるが、より効果的に推進する上で重要なのが、多様な**連携を生かす**ことである。換言すれば、一人で抱え込みすぎない、閉じてしまわないということだ。当然ながら、管理職や学年主任の指導の下、生徒指導の主任や養護教諭など、他の教職員と連携しながら学級経営を進めていきたい。一人で判断できないことや学級担任より詳しい情報を他の教職員が把握していることもあり得る。担任としての責任感をもつことは当然であるが、日々の出来事や問題発生に対して、全てを一人で解決しようとせず、周囲に相談したり助けてもらったりしながら、よりよい方向を探っていけば良い。例えば、危機管理といった視点からも、重要な情報が担任のところでストップしてしまえば、初期対応の遅れにもつながりかねない。日々の中で、**「報告・連絡・相談（ホウレンソウ）」**を意識し、他の教職員との連携を大切にすることが、問題発生時にも効果的に働くのである。

#### ②保護者との関係づくり

保護者との関係づくりは、若手教員にとって不安や困難と感じる点である。(香川大学教育学部・香川県教育センター 2014での「教員の意識調査」参照)

家庭や地域社会との連携を密にすることが大切といっても、何をどうすればよいのか、何が効果的なことなのか悩ましいのであろう。まず、教師も保護者も、子どもの**健やかな成長という共通の願い**をもって関わっていることを再確認したい。そのうえで、保護者にとっては、落ち着いた学校・学級で子どもたち（特に我が子）が楽しく安心して過ごせているのかが重要な関心事になる。担任としては、子どもに関わる可能な情報の共有と相互の交流を意識してほしい。例えば、学級通信や保護者会、家庭訪問など、できることを大切に積み上げて、日頃からの互いの関係性を築こうとすることを心がけてみよう。日頃の関係づくりができていないと問題が発生したときに、保護者が担任に相談することをためらったり、反対に攻撃的になったりすることもある。また、保護者も我が子の子育てに不安や悩みを抱えていることも多く、誰かにその苦しさを聞いてもらいたい、分かってもらいたいと心の叫びを発信していることも念頭に置いておきたい。詳細は、第3章のⅣをヒントにしてほしい。

### (4)　ガイダンスとカウンセリングの機能の充実

学級を構成している児童生徒一人一人、つまり個人と学級という集団は相互関係にある。児童生徒がよりよい成長を遂げるためには、日々の学校生活の基盤となる学級が望ましい集団でなければならない。学級経営の重要な視点の一つが、よりよい学級集団づくりであり、前述した支持的な風土の学級づくりにつながる。児童生徒が学校・学級の生活によりよく適応し、有意義な学校生活を過ごすためにも、主に集団の場面で必要な指導や援助を行うガイダンスと個々の児童生徒の多様な実態や課題を受け止めて、個別の指導や援助を行うカウンセリングの双方の機能が充実することが求められる。学校の教育活動全体を通じて、双方の充実を図り、個々の発達を支援することが重要である。

#### ①ガイダンスの機能の充実

小学校解説総則編では、充実を図ることの意義等を次のように説明している。自身の経験をもとに具体的な場面をイメージしてみよう。（中学校も同様）

> 全ての児童が学校や学級の生活によりよく適応し、豊かな人間関係の中で有意義な生活を築くようにするとともに、選択や決定、主体的な活動に関して適切な指導・援助を与えることによって、現在及び将来の生き方を考え行動する態度や能力を育てる上で、極めて重要な意味をもつものである。具体的には、学習活動など学校生活への適応、好ましい人間関係の形

成、学業等における選択、自己の生き方などに関わって、児童がよりよく適応し、主体的な選択やよりよい自己決定ができるよう、適切な情報提供や案内・説明、活動体験、各種の援助・相談活動などを学校として進めていくものであり、単なる事前の説明や資料配布に限定されるものではない。(総則97－98頁)

このようなガイダンスの機能を充実させるためにも、計画的・組織的な取組を意識すると共に、児童生徒が主体的な活動への意欲を持つことができるように配慮したい。特に、入学時、新学期開始時期、新たな学習や各種の学習活動の開始時期などにおいて十分に配慮したい。

**②カウンセリングの機能の充実**

中学校解説総則編では、カウンセリングの機能の充実を図ることの意義等を次のように説明している。(小学校も同様)

生徒一人一人の教育上の問題等について、本人又はその保護者などにその望ましい在り方についての助言を通して、子供たちのもつ悩みや困難の解決を援助し、生徒の発達に即して、好ましい人間関係を育て、生活によりよく適応させ、人格の成長への援助を図ることは重要なことである。
(総則97頁)

このようなカウンセリングの機能を充実させるためにも、個々の実態や課題を把握し、早期発見・早期対応に留意することが、まず取り組むべき第一歩である。その際に、学年による発達段階の違いや関係機関等との連携などにも十分配慮することが必要である。

上記のような視点を大切にしながら、学級目標の達成を目指して日々の実践に取り組んで欲しい。ここで示した視点は、あくまでも学級経営の基盤づくりであり、関係性づくりの側面が強い。教師と子どもや保護者との信頼関係だけでなく、子ども相互の人間関係、まさに、良好な関係性づくりが学級の基盤となる。これらが基盤となり、日々の学習活動を効果的に展開する授業づくりにもつながる。さらに、環境づくり(第1章Xを参照)や基本的な生活習慣づくりにもつなげていきたい。

## 4　学級経営の充実を図るために

### (1)　基本的な生活習慣の形成

一般的に、学校種の違いや発達段階に考慮しながら、基本的な生活習慣に関わる指導は、どの学年・学期においても繰り返し行われているだろう。児童生徒が学校生活を楽しく豊かにしていくためにも、望ましい生活習慣の形成を充実させていく必要がある。周知の通り、児童生徒の基本的生活習慣の形成が、精神的な安定にもつながり、学級経営を推進するうえで大きな鍵ともなる。

例えば、①集団での時間及び時刻への意識をもつ（けじめのある行動、時間を守るなど）、②物や環境を大切にする（整理整頓の習慣、公共物を大切にする、美化など）、③対人関係や集団生活（あいさつや場に応じた言葉遣い、コミュニケーション、活動への参加など）、④健康や安全を意識して行動する（食事、睡眠、日々の健康管理、交通や災害時の安全への意識と行動）、⑤学習技能を身に付ける（学習上の基本的な話し方、聞き方、ノートの取り方、グループでの話し合いなど）、どの校種においても指導されている内容であろう。

### (2)　習慣形成における見守りと待ちの姿勢

これらの習慣形成においては、定着のプロセスで、個々にめあてや目標をもたせて、できるようになった際に実現の喜びを味わわせてほしい。単にさせられるのではなく、自らやってみようとする意欲を支援していくのである。当初は依存しながらも、「～させるからの脱却」を教師自身が意識してみたい。いわゆる、大村はま先生の「仏様の指」の如く、自ら取り組もうとする姿をそっと後ろから支援し、寄り添いながら安心感を与えて見守ることを意識するのである。これらのことは幼稚園等における参観で、保育者の子どもとの距離感の取り方やかかわり方において、次のような姿やステップを見て取ることができる。「言うは易し　行うは難し」だが、校種に関わりなく、参考にしたい。

<u>保育者の子どもとの距離感と見守り・待ちの意識</u>

① 保育者が行い見せる（模倣する）
② ともに活動し支える（つながり）
③ 視点やヒントを示す（思考を促す、できるかもと思えるように）
④ 子どもの近くで寄り添う（安心感を与える）
⑤ 子どもに任せて見守る（信じて待つ）

## (3) 学級担任として心がけてほしいこと

最後に、上記述べてきたことをもとに、学級担任として心がけてほしいことを簡潔に7つ示したい。これは学級経営を実践していく過程において、学級担任としての姿勢や心がけてほしいことであり、学習指導要領解説総則編、特別活動編や生徒指導提要等を参考にして、以下のことをあげる。

① 一人一人の子ども理解を深めようとする(心の声を聴こうとする)
② 子どもとの人間的な触れ合いを大切にする
③ 子どもの悩みや問題を親身になって共感的に受け止める
④ 子どもの信頼や期待に応えるように努力する
⑤ 子どもの伸びや成長を見逃さずに認め心から誉める
⑥ 問題行動には毅然とした態度で臨む
⑦ 子どもの自主的、実践的な活動を促す

註1：香川大学教育学部、香川県教育センター(2014)では、学級経営の概念を
○学級担任が自らの学級に対して行う指導の総称(学習指導だけでなく生徒指導、教育相談、進路指導等の様々な側面)
○個人指導と学級全体に対して行う集団指導の両方を含む、としている。
註2：例えば、小西健二郎(1953)「学級革命」が代表的な実践例である。
註3：例えば、大西忠治(1964)「班のある学級」が代表的な実践例である。
註4：例えば、片岡徳雄(1979)「学級集団の経営」等が代表例である。

**【参考文献・引用文献】**

・有村久春(2003)「“学級づくり”スタートブック」教育開発研究所
・植田和也、霜川正幸、土田雄一編(2017)「教員としてのホップ・ステップ　～磨こう授業力・学級経営力～」美巧社
・香川大学教育学部、香川県教育センター(2014)「達人が伝授―すぐに役立つ学級経営のコツ―」
・児島邦宏(1990)『学級経営』、「新教育学大事典」第一法規
・文部科学省(2017)「小学校、中学校学習指導要領解説　総則編」
・文部科学省(2023)『生徒指導提要(令和4年12月)』東洋館出版

(植田和也)

## Ⅱ　学級担任と学級経営の役割と責任

みなさんは、学級担任による「学級経営」について、何をイメージするでしょうか。具体的な取組の一つ一つにねらいがあり、それを遂行することで、子どもたちに教育効果がもたらされる。そのためには、子どもたちの実態を正確に把握したうえで、意図的・計画的に進めることが求められる。

Q：これまでの学級担任の取組を思い出してみよう。その中から特に印象深いものに着目して、それを選んだ理由について考えてみよう。また、それは今のあなたにとって、どのような影響をもたらしているのだろうか。

### 1　学級経営の内容とは

学級経営とは、①子どもの居場所づくり、②学習指導の充実、③積極的な生徒指導、④望ましい人間関係の構築、⑤学級集団のグループ・ダイナミックスの活用、などを追求するために年間計画を作成し、その実践を図るものである。

学級経営の内容は、大きく集団経営と教室経営に分けられる。学級担任は、集団と個人の両側面から子どもの成長・発達を見据えつつ、学級のすべての子どもを対象に、その実態に応じて適切な取組を工夫して展開する。

#### (1)　集団経営にみる集団指導

集団経営では、集団指導と個別指導に分かれる。集団指導には、全体指導と小集団指導がある。例えば生活指導の場面において、当番活動をいつもさぼる複数の子どもがいた場合、当該者を対象にその事実を確認した後、彼らに自省を促す指導を行う。その後、終わりの会などの全員が揃う場で、本指導の内容に係る一斉指導を行い、仲間同士で問題を共有させ、当事者意識をもって考えさせることで、生活課題と

の距離を縮める。大切なことは、指導を受けた子どもたちを組み入れ、学級全体で問題解決に取り組もうとする雰囲気をつくることである。この場面では、決して当番をさぼった子どもを見せしめにすることなく、学級の重要な一員としての自覚（帰属意識）を高めるための支援が重要である。

### (2)　集団経営にみる個別指導

個別指導としては、生徒理解、教育相談、家庭との連絡があげられる。そもそも集団指導と個別指導とは、両輪で機能させることが求められる。生徒理解を深めるうえで学校教育相談が果たす役割は大きく、学級担任はすべての子どもを対象に、その機会を保障することが何よりも大切である。ややもすると見過ごしがちなおとなしい子どもたち、確かに学級担任の手を煩わせることはないかもしれない。しかし、最も対応が必要な子どもたちであると捉えることが肝要である。

例えば学級担任に対して重要な相談があり、勇気をもって職員室前まで足を運び、その場を行ったり来たりしている子どもこそ、まずは学級担任が危機意識をもって対応すべき場面に該当する。こうした危機を克服するために、子ども全員を対象に定期的に学校教育相談を行うことで、仮にその場で声を発せられない子どもがいたとしても、次の機会が保障されることで、彼らの気持ちを諦めや絶望に追いやることなく、ほんの僅かであるとしても心に安心感をもたらす。

また保護者との連携を深めるうえで、生徒理解に努めることが、信頼関係の構築に大きく寄与する。学級担任と保護者との信頼関係のキーワードは、「どれだけ子どものことを理解できているのか」ということに尽きる。学級担任が、子どもの動きをどのように見取り理解できているのか、もちろん子どもが見せる姿は、学校と家庭ではかなり異なる。つまり指導者は、学校での見取りを絶対視するのではなく、家庭で見せる姿とを照合させ、その心模様を推察することで、悩みや不安の軽減につながる支援を継続したい。適宜、家庭訪問を行い、保護者と情報交換することで、子どもの成長発達に係る課題を共に考える姿勢で臨むと、保護者からの自己開示を引き出すことができる。引いてはこうしたかかわりにより、学級担任と保護者との間で、本音で語り合える相互関係の構築へとつながる。時折、学級担任に対して、保護者から強い要望として激しい表現を介して向けられることがある。この時、学級担任が、保護者が我が子を思う熱い思いが歪んだ形で表現されているものと、一旦冷静に受け止めることで、先を見据えた保護者との実りのある対話を始めることができる。

### (3)　教室経営にみる学習環境と生活環境

教室経営には、学習環境と生活環境があげられる。学習環境については、掲示物、壁面の利用、情報機器の設置、掲示板等の活用など、子どもの学びの成果物を共有したり、学びを支援する情報やツールを活用することで、学びへの意欲をかき立てる環境づくりに努めたい。子どもにとって教室は一日の学校生活の大半を過ごす、最も長時間にわたり身を委ねる場であることを、学級担任は子どもの立場に身を置いて見つめ直すことで、子どもの真の声を聴き取れるのではないだろうか。

昨今、インクルーシブ教育の視点から、掲示物の配置の工夫については、教室の前方がシンプルに整理されている。すべての子どもにとって、落ち着いて学べる学習環境づくりの追求については、生徒理解と平行しながら更なる工夫が求められている。教室のバリア、教材、そして教育方法について、既存の考え方を一旦開放して、再度構成し直すことが必要である。

一方、生活環境に目をやると、美化、保健・衛生、防災・安全など、子どもたちが安心して生活できる空間づくりでもある。学級担任は、学級のすべての子どもたちの生命を守ることが責務でもある。

なぜ毎朝、子どもの健康観察をするのか、実はこのことが重要な役割を果たしている。それは学年始めの健康調査(既往症、配慮を要する事項、など)と日々

の健康観察とを照合しつつ、危機が生じたときに即座に対応できるための基礎データであり、指導者間において共有する。子どもの健康については、これまでの経緯と今現在の症状をもとに、校医らの判断を仰ぐことになる。

加えて東日本大震災の出来事を思い起こすと、学級担任らには、瞬時に的確な判断のもと、速やかに避難のため高台への誘導が求められた。子どもの生命を守るという責務を果たすうえでも、平時において避難場所、避難経路、意思決定の確認など、備えがなければ緊急時の対応はできない。このことは訓練を繰り返すことで、子どもたちの意識を高めると同時に、学級担任の意識改善を図ることができる。

これらの取組は、小学校では教科指導を学級担任が中心に行うことから、教室経営についても責任の所在が明らかである。しかし、中学校では教科担任制であることから、教室経営が機能するための組織を再構築し、責務を全うできる体制づくりに努めることが急務の課題である。

## 2　学級担任の資質・能力とその責務

### (1)　求められる学級担任の資質とは

求められる学級担任としての資質については、子どもと保護者とでは理想像が異なる。ここでHATOプロジェクトの「教員のイメージに関する子どもの意識調査」による、尊敬する先生の内訳について次頁の表1のような結果を紹介する。なお、数値は「とてもあてはまる」と「まああてはまる」の速報値合計である。

すると子どもから見た尊敬する教師像として、小学生では「わかりやすく教えてくれる先生」を、中学生では「相談できる先生」の傾向が見てとれる。教員の仕事は、人と人とが関わり合いを通して展開されることから、心地よい「かかわり」が成否の鍵を握る。そこで学級担任は、子どもを慮りながら、生徒理解に邁進することで、それぞれの期待に応えることができる。

【表1　子どもが尊敬する教員像】

| 質問項目 | 小学生（%） | 中学生（%） |
|---|---|---|
| 授業（教え方）がわかりやすい | 81 | 63 |
| わかるまで教えてくれる | 76 | 58 |
| 困ったときに相談できる | 63 | 60 |
| 自分に期待してくれる | 58 | 59 |

有村（2009）は、学級担任としての自覚と自信をもって取り組むことを掲げ、①子どもとの関係性を大切にすること、②教員自身の得意を生かすこと、③教員の人間性を子どもに還元すること、の重要性を指摘する。学級担任自身の経験を踏まえた語りかけや、子ども目線でのかかわり（傾聴を含む）があってこそ、子どもからの信頼を醸成するとともに、彼らの心を開かせ、人間味のある指導が可能になると指摘する。

生徒指導提要（2023）には、学級・ホームルームを、子どもたちの学習や生活における基盤として位置づけている。彼らが学校生活において、最も多くの時間を過ごす場が、自らの学級の教室空間であり、仲間とのかかわりである。そこで学級担任には、子ども達が見せる姿や動きから、彼らが置かれている状況をはじめ、客観的な事実に着目しつつ多面的に生徒理解に努める必要がある。

学級担任には、子どもたちとの信頼関係を構築するうえで、適切に心理的な距離を保ち、声掛けや学校教育相談に取り組むなど、個別に内面理解が求められる。同時に、家庭との連携の視点からも、保護者と共に子どもの実態への共通理解を推し量ることも重要である。そもそも学級担任は、子どもたちの規範意識を高めつつ、各自に居場所をつくるために、彼らの心模様を正確に理解し吟味を加えた後、教育実践に臨む。多様な取組を通して、子どもたちが獲得する自己有用感は、周りの仲間との協働的なかかわりによって、自己肯定感は自らが掲げた目標などをやり遂げたことで醸成される。

ところで学級・ホームルーム経営の内容として、①集団の質の向上、②よりよい人間関係の構築があげられる。学級担任は、学級づくりの基本として、子ども同士が認め合い、支え合う学級づくりを目指す。子どもの発達を見据えながら生徒指導に取り組み、それぞれの子どもが直面している課題を克服させ、自己実現に繋げるための支援を継続することが肝要である。

学級担任には、学級・ホームルーム経営を通して、生徒指導提要に示されている発達支持的生徒指導と課題予防的生徒指導の具現化に向けた取組が求められている。そこですべての子ども達に着目し、その様子を俯瞰しつつ、適切に時と場を推し量りながら、教育実践の機会を設けることで、いじめや不登校の人間関係に関わる諸問題の未然防止へと繋げたい。

### (2)　学級担任の責務とは

同じ調査から、学校の教員の仕事に対する子どもたちのイメージを問うと、以下の表２のような結果が得られた。

【表２　子どもが抱く教員の仕事像】

| 質問項目 | 小学生（%） | 中学生（%） |
|---|---|---|
| 忙しい仕事 | 93 | 93 |
| 苦労が多い仕事 | 89 | 93 |
| 責任が重い仕事 | 86 | 91 |
| 子どものためになる仕事 | 91 | 91 |
| 世の中のためになる仕事 | 85 | 85 |

子どもの目に映る教員像は、彼らが学級担任らとのかかわりを通して享受した内容を踏まえたものであり、その心象に近いことが読み取れる。子どもは、学級担任らの仕事に対して、自分たちを相手にして責任が重いものであると受け止めている。子どもがこうした気持ちを抱く理由について考えると、学級担任が子どもとしっかりとかかわり合えているからこそ、高い評価に繋がっていると受け止めたい。

学級担任の責任について、横尾（1993）は、①日常の仕事（朝の会、帰りの会、校務処理）、②道徳および学級活動の指導、③子どもの生活にかかわる指導、に着目している。

朝、子どもが登校してから、一日の学校生活を終えて帰るまで、彼らの学校生活を安心・安全に過ごせるためのたゆみない指導が求められる。例えば「防火責任者」とは、子どもを災害から守り、避難させる責任のことである。また法令で定められているのが、出席簿の作成や指導要録への記入である。

また子どもの生活にかかわる指導については、学級担任を中心に教員間で情報を共有し合い、チームでかかわることが肝要である（図1）。このとき心理・福祉の専門家、関係諸機関などと、組織的に対応することを視野に入れる。もちろん学級の子ども一人一人への対応の責任者は学級担任であるが、子どもへの指導については教員間の共通理解のもとで進めたい。子ども目線に立つと、教員の多様な考え方や支援に接することで、自ら考え判断し行動に移すプロセスにおいて、柔軟性の芽生えが期待できる。こうした教員間での指導方針の一致とその教育実践が、子どもの成長発達に大きく寄与する。

ここで参考にしたいのが、アメリカのスクールカウンセリングプログラムで

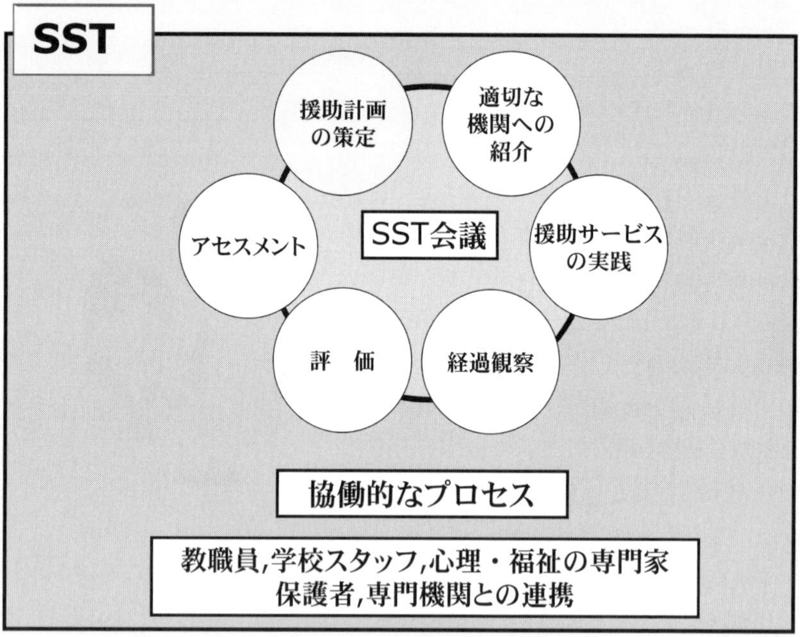


【図１　チームによる協働的アプローチ】

ある。そこには、すべての子どもたちに先手型の予防的な方法によって、学業的、キャリア的、個人的・社会的な発達を経験させることによって、明確なスキルと学習のチャンスを与えることが記されている。

問題行動が起こるのを未然に防ぐために、意図的・計画的な取組を展開することにより、段階的に子どもの認識を高める。また子ども一人一人の学びの場を充実させることで、学力を向上させるとともに学ぶことの意味を知らせることができる。今現在、学びのステージにいる子どもたちが、成長し社会を形成していくことから、学校という小さな社会を介した学びの全てが彼らの人格形成に大きく影響をもたらすことになる。そこで学級担任は、子どもの将来を見据えながら、将来社会に出て働くことへの理解や様々な意思決定をする力を培い、社会の一員として自己発揮ができるように、生徒理解に努めながら、同僚とも協働しながらかかわり（教育的支援）を続けることが大きな責務となる。

**【参考文献】**


・愛知教育大学（2009）「教員のイメージに関する子どもの意識調査」HATOプロジェクト

・有村久春（2009）『教育の基本原理を学ぶ』金子書房

・C・キャンベル・C・ダヒア・中野良顯（2000）『スクールカウンセリング・スタンダード』　図書文化社

・石隈利紀（2023）「生徒指導を支えるチーム学校の体制－「みんなが資源　みんなで支援」による生徒支援－」『指導と評価３月号（通巻820号）』日本図書文化協会　日本教育評価研究会

・文部科学省（2023）『生徒指導提要（令和４年12月）』東洋館出版

・高橋哲夫，森嶋昭伸，今泉紀嘉（2004）『「ガイダンス機能の充実」によるこれからの生徒指導・特別活動』教育出版

・八並光俊・國分康孝（2008）『新生徒指導ガイド―開発・予防・解決的な教育モデルによる　発達援助』図書文化社

・横尾武成（1993）「Ⅳ　学級担任教師と学級経営」『中学校学級経営ハンドブック　理論編』第一法規


（松岡敬興）

## Ⅲ　学級づくりと学級目標

みなさんは、学級担任として学級開きの際に、なぜ、学級目標を決める取組をするのでしょうか。その目的は何だろうか。それをどのように具現化していくか。そしてどのような評価をするのか。当たり前のように学級目標を決める取組が展開されているが、それをロードマップに位置づけると、ほんの入口の段階に過ぎないことが見て取れる。

Q：これまでの学級目標に係る取組を思い出してみよう。その中から特に印象深いものに着目して、それを選んだ理由について考えてみよう。それは今のあなたにとって、どのような影響をもたらしているのだろうか。

### 1　子どもと学級

子どもにとって学級とは何か、それは①学習（各教科、総合的な学習の時間などの授業）の場であり、②学級活動（特別活動の一つ）の場でもある。子どもたちは、学級に属し時間の大半を授業に充て、各教科に係る学力を育みながら学習意欲を高める。また学級活動では、朝の会、終わりの会、学級会活動、学級指導を通して、学級集団としての活動に参画する。

#### (1)　子どもにとっての学級

新学期、子どもたちは、何れかの学級に組み分けされる。その際、彼らの意志は反映されておらず、特定の目的をもった集団には該当しない。それを引き受け学級担任が指導にあたるのだが、彼らに指導者の選択権はない。つまり編成された学級集団は、初期段階において、子どもたちの帰属意識は極めて低い。そこで学級担任が、学級目標について子ども同士で話合い、決議し、それをやり遂げるための教育実践を反芻することで、学級集団としての凝集性が高まる。この時、民主的な手続きを経ることで、同調圧力ではなく、多様性を受け入れ認め合える学級集団の形成を図ることが重要である。

ここで仮に子どもの思いを見透かすことができるとしたら、4月当初は極めて独特な緊張感の連続ではないだろうか。早々に自分の居場所を見出そうとする、子ども同士のかかわりの試行錯誤が始まる。子どもは自分の意思に拘わらず、集団の枠組みから逸脱出来ないことを認識しつつ、その中で自分の生かし方を見つけようと奔走する。そこで学級担任には、すべての子どもたちの心模様に寄り添い、見取り、適切かつ迅速なかかわりが求められる。また新学期を迎え、一旦これまでの経緯をリセットして、新たな気持ちで第一歩を踏み出そうとする子どもが登校してくる。学級担任は、その頑張りを見過ごすことなく受け止め、的確な支援を継続することが大切である。

### (2)　子どもの成長を支える学級

子どもたちは学級集団に帰属することで、学びの場を共有する。例えば授業の場面では、アクティブラーニングを通して、自分の考えを発言したり、他者の発言を聞き自らの思考の再構築にも取り組む。仲間と協働する学習を反芻することで、支え合うことの真の意味を理解する。一人の人間として、他者とかかわることで、まわりの仲間から承認され、自己肯定感を育むことができる。

子どもは、自分の発言、態度、制作作品などについて、周りの仲間が受け止め認め合うことで、自らの存在価値を確認している。もちろん学級担任が自分のことをどのように受け止め、対応しようとしているのか、そのかかわり方は重要な関心事である。子どもは、自分に関心を示さない指導者に対して、自ら自己開示をすることは稀である。そこで日常における学級担任による、すべての子どもを見据えたかかわりの内容が問われる。

一日の大半を学級という枠組みの中で生活する子どもにとって、人間関係は重要なキーワードである。互いの行為を認め合い共有し合える関係性の下で、子どもにとって安心できる学級とは、学級担任の様々な取組を通して子どもたちが成長できる場でもある。それぞれの子どもたちの生活背景は様々であり、差異が見てとれる。学級担任は子どもに対して、こうした現実を違いは違いとして受け止めさせ、それらを互いに認め合える学級づくりを進めることで、子どもと共に望ましい人間関係を創造しようとする構えで臨みたい。

### (3)　学級という組織に学ぶ子ども

学級という組織は、子どもと学級担任らから構成される。それは、より快適に学校生活が送れるように、望ましい環境づくりを目指す小さな社会とも捉えることができる。そこで子ども一人一人が、学級生活を充実させるために、共通したルールや役割が設けられる。子ども同士で、それらを意識し遂行することにより、仲間の誰もが不愉快な思いをしなくて済むための協働システムでもある。

係活動は、すべての子どもが担いその役割を果たすことで、学級生活に貢献し支えることに繋がる。学級の一員として、任された仕事をやり遂げ、周りの仲間から信頼されることで、自らが集団のために役立っているという自己有用感を体得する。この芽生えによって、子どもは学級の一員としての認識を高め、自らの居場所を学級内に構築する。

また子どもは、望ましい学級生活を送るために、話合いによりきまりをつくりそれを守ることで生活環境を維持する。学級が小さな社会であると捉えると、きまりは一般社会における法律に相当する。そこできまりをつくるうえで大切なことは、すべての子どもが話合いに参画することである。成員による当事者意識に乏しい話合いでは、決定事項をみんなで守ろうとする責任が希薄になり、決定事項の遂行に対するモチベーションが高まらない。

例えば、教室の換気について話合いをしたとする。冬の季節、暖房が入った教室を換気することで、教室は一気に冷風にさらされる。話合いの結果、1時間毎に換気を行い、それを日直が担当するきまりが決定した。しかしそれがきちんと守られていない状況が続いている。みんなできまりをつくったのに遂行されていない、その理由について考えてみたい。

この時学級担任は、「なぜ子どもに話合いをさせるのか」という認識が大切である。子どもによる話合いでは、もちろんきまりを決めることが大切であるが、そこをゴールに設定するのではなく、彼らが自分たちで決定事項をやり遂げるための手立てにま

で踏み込んで議論させたい。子どもの立場からすると、決定事項の遂行が義務付けられるのであれば、話合いの段階において遂行可能な内容へと調整しようとし、積極的に意見を出し合う状況が芽生える。つまり子ども一人一人に参画意識を高めることができる。

ここで先ほどの教室の換気の問題に戻ると、学級担任は話合いの段階において、教室の換気が必要な理由を説き、それを具現化するための方途について、子どもたちに話し合わせたい。子ども一人一人が当事者意識をもって話合いに臨むことで、果敢に意見交換が展開され、合意形成に向けたすり合わせが行われる。こうした話合いを通して、子どもたちに自治的能力が育まれる。同時に教職員と子どもたち、子どもたち同士が互いの主張に耳を傾け、共通点や相違点を見出しその理由に迫るプロセスにおいて、相互間に共感的にアプローチしようとする態度が形成される。

## 2　子どもと学級目標

新学期が始まると、学級担任は学級づくりのプロセスにおいて、学級目標づくりに取り組む。学級開きにおいて学級担任としての思いを、子どもに説き、訴え、理解を求めたうえで、子どもたちに学級目標について話し合わさせる。目指す学級像の構築について、すべての子どもたちが参画する話合いにより、合意形成が図られる。

### (1)　学級目標は何のために

先述したように学級開きの段階において、学級集団は意図的に編成されたものではなく、子どもたちの帰属意識は乏しい。学級担任は学級を任され、1年間を通して子どもたち一人一人の成長・発達を援助していくために、見通しを持って指導にあたらなければならない。そこで目指す子ども像について、自らの願いと成員である子どもの考えとのすり合わせが必要になる。教員の思いが先行し過ぎると、一見するとまとまりのある学級に映るが、実は学級王国状態に陥ることが危惧される。

大切なことは、学級目標は誰のためにあるのか、学級担任はその必要性について再考されたい。確かに学級担任からすれば、子どもたちへの熱い思いのもと、自らが描いた学級経営計画に沿って、子どもを巻き込みながら実践にあたりたいと強く願っているのではないだろうか。しかし、目指す子ども像については、学級担任の思いに加えて子どもの実態を踏まえることが極めて肝要である。つまり学級目標づくりにおいて、子どもたちの意見を組み入れることにより、彼らの参画意識を高めることに繋がる。子どもたちが参画して合意形成のもとで創り上げた学級目標は、それぞれが当事者意識をもって取り組んだという自負により、行動化する際に責任と求心力がもたらされる。

学級担任は、子どもたちによる熟議を通して学級目標を創り上げた後は、その実現に向けて意図的・計画的な取組を展開し、彼らの人格形成に寄与する支援に邁進したい。学級目標は、決して目指す子ども像を決めることがゴールではなく、その理想像に近づくために多様な手だてを講じることで、彼らに成長・発達がもたらされてこそ、その意義が認められるのである。

### (2)　学級目標を生かすために

物事に着目して、自分で考え、協働しつつ議論を通して新たなものを創造しようとする取組が社会において展開されている。

ところで日本の子どもの実態について、一つ気掛かりなデータがある。それは社会を変革できると信じる割合が、諸外国と比べて低いのである。平成26年度版の内閣府の若者白書によると、日本は「社会現象が変えられるかもしれないと信じる若者」の割合が、アメリカ・イギリス・ドイツ・フランス・スウェーデン・韓国の子どもと比べて低位にある(表1)。

【表1　社会現象が変えられるかもしれない】

| | |
|---|---|
| アメリカ | 52.9　(%) |
| ドイツ | 52.6 |
| イギリス | 45.0 |
| フランス | 44.4 |
| スウェーデン | 43.4 |
| 韓国 | 39.2 |
| 日本 | 30.2 |

このことを学級目標の実践と関連づけると、仮に学級目標を目指す子ども像として決めたとしても、子ども一人一人が自分事として捉えていなければ、当然、成長・発達に影響を及ぼさないことから、無意味なものとして認識されるのではないだろうか。学級目標の実現に向けたアクションを意図的・計画的に行い、その結果、子どもたち一人一人が目指す子ども像に近づけたとの実感が伴えば、チャレンジすることへの意味を好意的に受け入れ、引いては「社会現

象が変えられるかもしれないと信じる若者」への回答が高水準へと引き上がることが期待される。

子どもたちは、話合いを通して決定した内容をやり遂げることで、その成果を享受し、実感する。また同時に、自己肯定感を高める。このことを学級担任として理解しつつ、様々な取組を進めることで、子どもたちに自信を呼び起こすことができる。年間を見据え、多様な取組を適切な時期に位置付け、子どもたちの人格形成を見据えた教育課程の編成が重要である。

### (3)　話し合いの際に気をつけたいこと

学級目標を決めるとき、まずは子ども一人一人が自分事として考えることから始める。自分自身がその学級目標と対峙し、1年間かけて努力していく決意と覚悟をもてる内容へと迫りたい。彼らが当事者意識をもって考えることで目標が共有化され、日々の取組の振り返りを通して、より目指す子ども像へと近づくことができる。

それでは合意形成をどのように図るのかが、そのことが子どもたちに共通理解を進めるうえで重要な鍵を握る。話合いにおいて複数の意見が出されたとき、それをどのように集約していくのか、最大公約数を導き出すために熟議が求められる。当然、学級目標は成員全員で取り組むことから、拙速な多数決は馴染まない。意見を出し尽くすまで議論を重ね、本当に大切にしたいことは何なのかを突き詰め、時間をかけて子どもたち同士で合意をとりつけようと努力することが不可欠である。それぞれができる限り意見を出し尽くすことでで、採決が必要とされない段階にまで話し合いを導くことが望ましい。

何れにしても子どもが決定事項を認識しつつ、その実現に向けて日々努力することができるためには、最初の話合いへの構えが重要である。子どもが当事者意識をもって話合いに臨むこと、学級の誰もが発言しやすい雰囲気づくりに努めること、仲間の意見を聞

き自分の考えと照合しつつ合意形成に向かおうとする姿勢がなければ、実りのある話合いが成立しない。このことは、ユルゲン・ハーバーマスが述べる理想的発話状況とも一致する。

### (4)　学級目標の実際

学級担任は、学校目標を見据えながら学級目標を検討する。学級目標は、学校目標の意図を斟酌しつつ、学級における意図的・計画的な様々な取組とその実践のための手立てを見取りながら、その具体化が図られる。このことは学級担任より学級開きの段階において、自らが抱く子どもたちへの願いとして、学校の実態を踏まえつつ語られる。その後、学級における話合いの場において、子どもたちの意見を組み入れて合意形成へとこぎ着ける。大切なことは、学級担任と子どもたちとが協働して、学級目標を作りあげたという参画意識を共有することである。

例えば学校目標が「協力性」、学年目標が「実践場面を生かして、協力的な仲間づくり」、学級目標が「話し合って活動する子ども」、「助け合いとはたらき合い」、「みんなが、仲良く、みがき合う組」というように、相互間で関連づけることも視野に入れて取り組みたい。学級担任が、決定した学級目標に基づき、学校目標と関連づけて指導にあたることにより、学級目標の実現に向けた取組の一つ一つが、引いては学校目標の実現を目指すことと一致することが期待できる。子どもたちのやる気に満ちた思いを集約することで、参画できているという自己認識が高まり、引いては主体的な活動が惹起する。

### (5)　学級目標の評価

評価を伴わない教育活動は、やりっ放しに繋がりかねない。子どもたちの成長・発達は連続しており、今年の取組の成否について出来たこと、課題として残されたことについて実直にふりかえりを行い、次年度に向けた改善プランを作成することが肝要である。たとえ担任が持ち上がらなくても、きちんと引き継ぐための改善プランを作成

するところまで進めておきたい。子どもたちへの教育が指導者の怠慢によって途切れることは絶対に避けなければならない。

酒井 (1972) によると、学級目標の評価の観点として、以下の内容を提示している。「学級の目標として、個性や創意がどのように織り込まれているのか。つまり、学級の実態をふまえ、前年度からの系統的な積み上げに立って学級の独自的なものを出そうとしているか」、この言葉は、学級目標の具体性を明らかにしてから考察を進めることの重要性を指摘している。評価は何のために行うのか。それは計画を改善しより良いものへと修正することであり、途切れることのない教育内容の質を高めるものでもある。

**【参考文献】**


・愛知教育大学 (2014)「教員のイメージに関する子どもの意識調査」HATOプロジェクト
・蜂屋慶 (1974)『学級集団理解の実践』明治図書
・内閣府 (2014)『平成26年度版　子ども・若者白書 (概要版)』
・宮田丈夫 (1971)『講座「学級経営」3巻　学級経営の実践』明治図書
・文部科学省 (2023)『生徒指導提要 (令和4年12月)』東洋館出版
・酒井実 (1972)「第二節　学校目標と学年・学級経営」『学校目標の学級実現化』新光閣書店
・高橋哲夫　森嶋昭伸　今泉紀嘉 (2004)　『「ガイダンス機能の充実」によるこれからの生徒　指導・特別活動』教育出版
・ユルゲン・ハーバーマス, ニクラス・ルーマン, 佐藤嘉一・山口節郎・藤沢賢一郎　訳 (1987)『批判理論と社会システム理論』木鐸社
・宇留田敬一 (1976)『学級会活動の改造』明治図書
・横尾武成 (1993)「Ⅳ　学級担任教師と学級経営」『中学校学級経営ハンドブック　理論編』第一法規


(松岡敬興)

# Ⅳ　学級の仕事と仕組み
# ～係活動、当番活動を通して～

## 1　係活動や当番活動の意義と内容

### （1）　学級の仕組みをつくる活動

係活動や当番活動は、学級活動の目標を達成するために展開される教育活動の一つである。小学校学習指導要領（2017）では特別活動に関して、学級活動の内容（1）学級や学校における生活づくりへの参画、「イ学級内の組織づくりや役割の自覚」、において、「学級生活の充実や向上のため、児童が主体的に組織をつくり、役割を自覚しながら仕事を分担して、協力し合い実践すること。」と示されている（中学校でも同様）。このような係活動や当番活動も含めた「イ学級内の組織づくりや役割の自覚」に関する内容で育成を目指す資質・能力については、解説編では次のように指摘されている。

> 例えば，集団活動における役割分担の意義や活動の方法について理解し，学級生活の充実や向上のために，一人一人のよさを生かしながら活動できる組織づくりや分担などについて考え，話し合って決めるとともに，自分の役割を自覚しながら，協力し合って実践することができるようにすることなどが考えられる。また，そうした過程を通して，生活の中で自分の役割や責任を自覚し，他者と協力しながらよりよい生活をつくっていこうとする態度を養うことが考えられる。（解説特別活動編　小50頁）

加えて、学級活動の内容（3）一人一人のキャリア形成と自己実現、イ　社会参画意識の醸成や働くことの意義の理解、では、「清掃などの当番活動や係活動等の自己の役割を自覚して協働することの意義を理解し、社会の一員として役割を果たすために必要となることについて主体的に考えて行動すること。」と明示されている。

つまり、係活動や当番活動は学級での組織づくりの側面をもちながら、一人一人が役割の自覚をすることの重要性が問われている。その上で、分担や協力、協働しながら、楽しく豊かな学級生活になることが望まれる。

大切なことは学級という小さな社会に属している一人一人が、何らかの役割を分担し、学級の仕組みとなる係活動や当番活動に積極的に関わることである。

### (2) 係活動や当番活動のねらいと内容

以下の表1に示したように係活動として行う内容は、子どもたちの自主性が前提であり、学級生活の向上のための創意工夫を通して実践される。そして、係活動が子どもたちの主体的な活動として活発になるためには、必要感をもち、子どもたちが納得したうえで決めていくことが大切である。

一方、当番活動は日々の学級生活を円滑に行うために必要不可欠な仕事を学級全員で分担して、当番制として実践されることが多い。活動内容は、当然であるが校種や学校、学級の実態により異なり、多様な取組や事例がみられる。

これらの活動を通して、学級の生活をよりよくするために、協働して役割分担をしながら自主的、実践的に取り組むのである。教師は、その過程を通して、個々が学級の一員として認められ、みんなから必要とされているという認識を持ち、充実感を持てるようにサポートしていくことである。

【表1　係活動と当番活動のねらい、内容】

| | ねらい | 活動内容例 |
|---|---|---|
| 係活動 | 学級生活を豊かにするために、自主的・自発的にできそうなことや仕事を創意工夫して行うこと。 | 分担処理するために自分たちで話し合って係の組織をつくり、自主的に行う。所属は原則子どもの希望による。（イベント係、新聞係、生き物係等） |
| 当番活動 | 学級生活を円滑に営むうえで、必要な仕事を役割分担して行うこと。（働くことの意義を理解する。） | 学級生活に、なくてはならない活動で、全員による当番制で行う。（給食、清掃、日直等） |

なお、小学校の低・中・高学年の発達の段階に即した指導のめやすの例は解説特別活動編80頁でも紹介されている。例えば、中学年では「日直や当番活動、係活動など、自分の役割を果たすことの意味や大切さについて考え、友達と協力して最後までやり遂げられるように指導する。」と明示されている。

## 2　係活動で児童生徒の意欲を支える

### (1)　係を決めて、活動計画をつくろう

係活動や当番活動は、日々の学級生活を支えて豊かにするうえでも重要である。特に、係活動では、児童生徒の必要感を大切にするとともに、自分たちで営んでいるという意識や感覚が持てるように配慮したい。そのためにも子どもたちとの話合いを通して決定していくことが求められる。例えば、次のような決め方の手順（香川大学教育学部・香川県教育センター 2014）も参考にして欲しい。

①学級に必要な係を具体的に提案させる（必要に応じて、教師も提案）
②出された案の中から係を決定する
③各係を運営するために必要な人数に少し幅を持たせながら設定する
④係の決め方を相談し、誰がどの係を担当するか決める
　・ネームプレートを活用して　　・希望が多すぎる場合は・・・
⑤担当のメンバーで係名や目標、内容を相談する場を設ける
⑥係活動の計画書を作成し、掲示する

さらに、計画を立てたり、計画書を作成したりすることで、具体的にどのようなことをするのかを自覚することができる。この計画書は掲示にも活用できることを意識して取組を支援したい。

### (2)　具体的な行動目標と係コーナーの活用

子どもたちが係活動に取り組む際には、まず当該係の係名を決めて目標を掲げることがスタートとなる。その際に教師は、各係ごとに具体的な行動目標や活動内容を取り入れた活動方針やめざすべき姿をイメージさせたい。

さらに、子どもたちの係活動を見える化するためにも、多様に表現する場を設けていきたい。例えば、朝の会や帰りの会等で学級全体に呼びかけてみんなを巻き込むような連絡周知、係コーナー（例：係からの活動の予告や報告、連絡やお願い等を共有する掲示場所）の設置等、できることを子どもたちと相談して取り組むことが重要である。

そのようなことを通して、活動内容や成果・課題を可視化しながら児童生徒が自分事として捉えられて主体的に取り組むように支援したい。

### (3) 教師の声かけと見守りで過程を大切に

係活動を主体的に継続していくためには、教師の適切な声かけと見守りが不可欠である。教師の声かけで子どもたちの豊かな発想を引き出したり、称賛によりやりがいを感じたりするものである。

また、教師の思いが先行して、教師主導になったり、子どもたちがやらされ感で取り組んだりすることが無いように配慮したい。活動の活発さや成果だけを求め過ぎると、本末転倒となる。焦りすぎず、求め過ぎずに、子どもたち自身が定期的に振り返る場をつくったり、互いの係が期待や要望を伝え合う機会を設けたりしたい。子どもたちの試行錯誤に寄りそいながら、教師もともに楽しむ姿勢を忘れないでほしい。そのような過程を通して、自分たちの係活動を「やってみたい、活動したい」と感じられる個々の意欲や主体的な取組をじっくりと見守りたい。

このような一連の過程を大切にする点は、解説特別活動編でも、【「実践」を、単に行動の場面と狭く捉えるのではなく、課題の設定から振り返りまでの一連の活動を「実践」と捉えること】（解説小23頁）の大切さが指摘されている。

なお、具体的な係活動の実践例は、第４章Ⅲの実践事例を参照されたい。

## 3　当番活動で個々の存在感を支援する

当番活動においても、学級の成員が何らかの役割を分担し、清掃活動や給食当番などの具体的な活動を通して、学級の一員としてみんなから必要とされている認識をもったり、仲間と共に活動する充実感が得ることができたりするような組織を工夫していきたい。そのような教師の意図的なかかわりや支援が、一人一人の学級における存在感と居場所の確保につながることは言うまでもない。

特に、係活動や当番活動に関わる学級活動では、一人一人の児童生徒の活動過程を大切にすることが重要である。今回の改訂でも、指導計画の作成に当たり、「等しく合意形成に関わり役割を担うようにすることを重視すること」と明示されたように、個々が計画段階から自分のこととして関わっていると感じられることを大切にしたい。

### （1）　清掃の当番活動において

**Q, 小・中学校時代の清掃と言えば、どのようなことをイメージしますか。**

寒い冬に外回りの溝掃除等を担当したこと、進んで引き受ける人が誰もいなくてトイレ担当を我慢して担当したこと、先生が見回りに来ない場所で真面目に取り組めず遊んでいたこと、縦割り活動として取り組んでいたこと等、それぞれの懐かしい思い出があるだろう。

では、自らの小・中学校時代の清掃場所はどのように決められていたのだろうか。教師が事前に決めていた、自分たちに任されていた、可能な限り話合いで決めていた、クジで決めていた等、学年や学校によって様々であろう。

子どもたちにとって、面倒だが仕方なく取り組む、やらされている活動にならないように、「誰が、どの場所を」担当するのか合意形成を図りながら決めていきたい。加えて、「道具（何を使って）」「どのようにするか」の役割分担や手順も具体的に決めておくことで、子どもたちが活動をスムーズに展開できることとなる。さらに、担当場所を交代するのであれば、どの程度の期間で交代するのかも相談しておきたい。そのようなことを清掃当番表や担当カード等を視覚的に工夫することで互いに忘れずに意識できるようになる。

**Q, なぜ、清掃をしなければいけないのですか？この問いにあなたは？**

例えば、「快適、安全、健康、耐久」の４点に関する言葉が思い浮かんだ人もいるだろう。「自分たちが汚したところを自分たちで綺麗にするのは当たり前」と口ずさむかもしれない。ぜひ、時間があれば「なぜ、清掃をするのか」について、子どもたちと共に考えてみたい。

清掃活動は、与えられた役割を果たすだけという消極的な活動ではなく、役割や働くことの意義等が理解できるようにすることもねらいであろう。まさに一人一人が、上記にあげたことに加えて、「清掃活動は自分を磨く絶好のチャンス」と捉えられるように声かけや配慮をしたい。そのためには、教師も一緒に清掃を行うことが大切なポイントである。教師の「清掃を大切にしている」という姿勢や気構えがあってこそ、子どもたちも清掃指導をする教師の声かけに耳を傾ける。そして、清掃をしながら、子どもたちの動きをよく観察し、適切な声かけをしていきたい。

### (2) 給食の当番活動において

小・中学校時代をふり返ると、最も楽しかった思い出の一つに給食があげられるのではないだろうか。最近では、弁当持参の学校や専用のランチルーム給食等、地域によって様々である。ここでは、年間約190回ほどある給食の準備、配膳、片付け等の活動を担う当番活動について考えてみたい。

給食の当番活動に関する指導としては、以下のような点を子どもたちの発達段階や学校全体での約束等も踏まえて配慮したい。

・協力して働くことの大切さに気付かせる

・手洗いやマスク等、自ら衛生管理に気をつけて活動する

・清潔で静かな食事環境をつくるように心がける

・限られた時間内でできるように心がける（準備、配膳、食事、片付け）

・給食に関わっている方々や食材への感謝の気持ちを大切にする

加えて、食事量や時間、アレルギー等で配慮の必要な子どもへの対応と周囲の理解を図る指導も忘れないようにしたい。過去には給食の当番活動中に熱いおかず等での火傷も報告されている。安全面においても、「まさか・・・」ではなく、「もしかして・・・」の危機意識も忘れずに十分に心がけてほしい。

とにかく、子どもたちにとって楽しい給食の時間となるためにも、当番活動が大切であるということを、給食当番だけでなく、学級全員で年度当初に確認しておきたい。そして、給食を通して、自らの健康な身体づくりだけでなく、日常の食生活に関心をもち、自分の健康は自分で意識し管理するという自立した食習慣が身に付くようにしていきたい。

【引用・参考文献】

・香川大学教育学部・香川県教育センター（2014）「達人が伝授！すぐに役立つ学級経営のコツ」

・文部科学省（2017）「小学校、中学校学習指導要領解説特別活動編」

・有村久春（2013）「学級経営スタートブック」教育開発研究所


（植田和也）

# V　学級の雰囲気と教師

## 1 「空気」への二重の関わり方

どのような場であれ、そこに人間関係があり、人と人のコミュニケーションのあるところには、何らかの「場の空気」が流れている。ここでいう「空気」とは、約80%の窒素と約20%の酸素からなる地球表面を覆う大気のことではない。「あの人は、空気を読めない」とか、会議中に流れている「空気に逆らえない」とかいうときの「空気」である。

以前、「空気」が読めないことを揶揄する言葉として、若者たちの間で「KY」という言葉が流行ったことがあった。どうやら、若者たちの人づき合いやコミュニケーションにおいて、「場の空気」を読むことはとても大切なことのようである。仲間うちで空気を読み合うことで、「ノリ（乗り）」のいい対人関係を築くことができる。コミュニケーションや人間関係を扱ったハウツー本では、「場の空気」が読めることを、高いコミュニケーション能力の表われとして積極的に評価しているものが多い。

他方で、「場の空気」に呑まれる集団心理の危険性について論じた本もたくさんある。山本七平の『空気の研究』は、そういう立場から書かれたすぐれた本である。山本は、空気を読むことがしばしば集団の意志決定をゆがめ、誤らせることを鋭く指摘している。

集団現象としての「いじめ」や差別、風評被害において、「空気を読む」ことの弊害、いや「空気を読む」というよりは「空気に流され」、「空気の圧力」（同調圧力）に屈してしまうことの弊害を、明瞭に見てとることができる。

私たちは、人との良好な人間関係を築き、円滑なコミュニケーションを図るために、一方では、「場の空気」を読み、それにうまくノル（乗る）ことができなければならないが、しかし、他方では、その「場の空気」に流されない、あえて「支配的な空気」に逆らうこともできなければならない。

この後に詳しく見ていくように、学級経営の重要課題とは、担任教師による「学級の雰囲気づくり」だと言ってもよいから、とくに担任教師には、教室の空気を「読み」つつ、場合によっては、空気を「変える」こともできる、そういう空気に対する二重の関わり方が求められるのである。

## 2　教育的雰囲気

ところで、学校の教室にも、教師と子ども、子ども同士の人間関係とコミュニケーションがあり、何らかの「場の空気」が流れている。教室の中にいる子どもたちは、この教室の空気を吸いながら、毎日の学級生活を送っており、この空気が、子どもたちの行動や心もちに大きな影響を及ぼしている。

教室で流れている空気がどのようなものなのか、どのような空気が支配的なのか。それは教育的に「よい空気」なのか、それとも「よくない空気」なのか。そのことが、学級における教育がうまくいくのかどうかを、決定的に左右するのである。

ドイツの教育哲学者であるO.F.ボルノウは、『教育を支えるもの』(原題は「教育的雰囲気」)の中で、「教師と子どもの間に成立し、あらゆる教育的行為の背景をなす情感的な条件と人間的な構えの全体」を「教育的雰囲気」という概念で捉えた。

ボルノウの「雰囲気」の概念は、先の「場の空気」の概念と同じように、人と人の間に醸し出され、そこにいる人の行動と心もちに影響を与える、目には見えない媒質を捉えたものである。その点では同じであるが、「場の空気」よりも「雰囲気」の方が、より持続的なものを言い当てており、しかもそれは教育的に価値づけられている。逆に言うと、「場の空気」の方が、一時的で移ろいやすいものを、価値中立的に言い表しているということができる。「教室の空気」は刻々と変化するが、「学級の雰囲気」や「学級風土」は、ある程度持続する集団的な基底条件であり、それを教育的なものにしようとする、担任教師の努力を呼び起こすものである。

では、どのような学級の雰囲気が「教育的である」と言えるのだろうか。よい学級には、「そこにいて、安心できる場所」である、と同時に「そこにいて、成長できる場所」である、という二つの性格がある。

学級という場所が、子どもにとって「安心できる」場所であるのは、仲間に対する思いやり、温かい雰囲気が教室に漲っているからである。いわゆる「支持的風土」の学級である。学級という「場への信頼」があり、教室の誰もが「守られている」という安心感を抱いている。その逆が、「防衛的風土」の学級である。「防衛的風土」の学級では、仲間への思いやりがなく、教室という「場への信頼」

がないから、安心感を持つことができない。

学級という場所が、子どもにとって「成長できる」場所であるのは、頑張ろうという前向きな気持ち、仲間と高め合う雰囲気が教室に漲っているからである。そういう雰囲気の学級にいると、仲間の頑張りに刺激されて、誰もが自然に、努力したり挑戦したりできるのである。

## 3　個人の「生きる幅」と集団のモラール

よい学級は、「そこにいて、安心できる場所」であると同時に「そこにいて、成長できる場所」であった。なぜ、「そこにいて、安心できるのか、成長できるのか」といえば、それは、教室という場所に、「仲間を大切にする空気」が流れており、「仲間と高め合う空気」が流れているからである。

教室に、そういう「よい空気」が流れておれば、子どもたちはその「よい空気」を吸って、自然に、仲間を思いやり、頑張ることができる。皆が優しいから、自分も優しくなれる。皆が頑張るから、自分も頑張れる、という具合に。

実は、個人としての子どもの在り方・生き方には、「一定の幅」がある。たとえば、子どもたちは、かなりの「努力家」でもあるし、どうしようもない「怠け者」でもある。子どもたちの中には「やる気」もあるし、「やる気のなさ」もある。

子どもたちは、一方では、とても仲間思いであって、友だちに優しくすることができる。しかし、その同じ子どもが、思いやりのない行動で、友達を苦しめたり、悲しませたりする。自分さえよければよいと、身勝手にふるまう。

その在り方・生き方の「一定の幅」のなかで、いま、どのレベルで生きるのかは、子どもたちがそこにいる「場の空気」、子どもたちが所属する集団が醸し出す雰囲気、集団の士気（モラール）によって、大きく変わるのである。

そのことを、2つのイメージ図を使って説明してみよう。子どもの在り方・生き方の「一定の幅」を、縦に長い一本の帯で表したのが、次頁の図1である。帯の上の方は、高いレベルの在り方・生き方を、たとえば、努力家としての生き方を示しており、帯の下の方は、低いレベルの在り方・生き方を、例えば、怠け者としての生き方を示している。個人の生き方・在り方には、相当広い上下の幅がある。

その個人が、どういう集団に所属するかで、「生きる幅」が限定されることをイメージ化したのが、図２である。集団の士気（モラール）が高いことを、上方の円で、集団の士気（モラール）が低いことを、下方の円で示した。どちらの集団の一員であるか、どちらの集団の雰囲気に影響されるかによって、個人の「生きる幅」は限定を受ける。

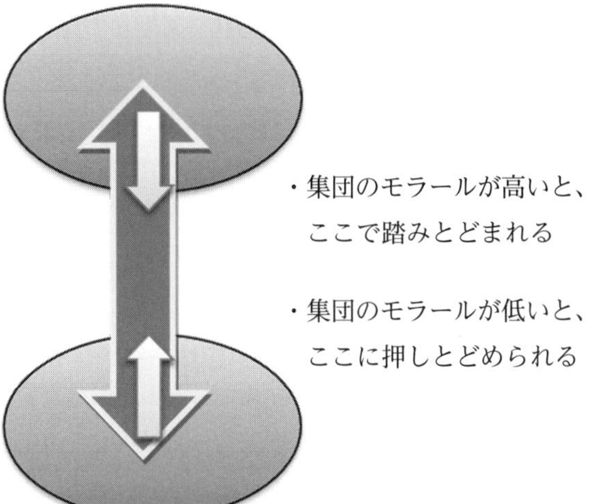


【図１　個人の「生きる幅」】【図２　個人の「生きる幅」と集団のモラール】

## ４　雰囲気を醸成する教師

教室に「よい空気」が流れておれば、子どもたちはその「よい空気」を吸って、自然に仲間を思いやり、頑張ることができる。逆に、教室に「悪い空気」が流れておれば、その「悪い空気」を吸って、子どもたちの生き方・在り方の「一定の幅」のなかの、悪い部分が出てしまう。マイナスの同調行為が起こるのである。

問題は、教室に「よい空気」ではなく「よくない空気」が流れている場合である。このとき、「よくない空気」に流されないばかりか、この「空気の圧力」に対して自覚的に抵抗し、「空気を変える」、あるいは「よい空気をつくりだす」ことが、教室の中にいる一個人にできるのだろうか。

これは、なかなか難しいことである。なぜなら、みんな同じ「場の空気」を吸っているのだから。子どもだけでなく、教師にとっても難しい。それほど難しい課題であることが分かっていながら、やはり担任教師には、教室における唯一人の大人として、学級という集団が醸し出す雰囲気に対して自覚的で、それを「教育的雰囲気」にしていく集団心理の指導者であることが求められるのである。

では、教室という空間を「そこにいて、安心できる」と同時に「そこにいて、成長できる」ような「教育的雰囲気」の漲る空間にするために、担任教師は何をなすべきか。実は、担任教師としての在り方・生き方に深く関わることなので、これさえすればよいという特効薬はないが、いくつかのポイントを示すことはできる。

まず、第一に、学級担任は年度始めのできるだけ早い時期に、学級生活に必要な仕事の分担や共同活動のための「仕組み」をつくる。係や当番の仕事を決めたり、「班」を編成したりするのである。そして、これらが学級の中でしっかり機能するように働きかける。子どもたちは、こうした仕事の分担や共同活動を通して、かけがえのない学級の一員としての自覚をもち、仲間との「きづな」を深めることができる。学級の皆に、「よりよい学級生活のために役立ち、貢献する」という経験をさせてやることが、学級の士気（モラール）を高めることになるのである。

また、学級の「仕組み」とこれを動かすための手順や約束事は、安全で快適な学級生活を送るために欠かせないものである。どの子どもにも、同じように指導し、子どもたちの活動に枠組みと秩序を与えてやりながら、なおかつ創意工夫させることで、学級生活に安定感とともに活気をもたらすことができる。こうした基本的な生活領域での無秩序は、子どもたちを不安定にし、生来の快活さを失わせることになるので気をつけたい。

第二に、学級の集団規範意識を高めるために、「学級目標づくり」の実践を大切にしたい。年度始めに、担任教師と子どもたちは、これから皆でどのような学級生活を送りたいのかを話し合う。皆の願いは学級目標に集約され、担任教師はそれを折りに触れて口にする。たいていの学級目標は、次の二つの系列に属する価値のいずれかまたは両方を含んだ、口ずさみやすい標語またキャッチコピーになっている。

| | | | |
|---|---|---|---|
| 価値系列A | **協力**、友情、和、笑顔 | 仲間との助け合い | バラバラはダメ |
| 価値系列B | **努力**、挑戦、けじめ | 仲間との高め合い | ダラダラはダメ |

学級目標は、つくって終わりではない。これは学級の集団規範を貫く精神（スピリッツ）であり、担任教師と子どもたちは、この根本精神に則って１年間の学級生活を過ごすことになる。学級全体の士気（モラール）に関わるような、思いやりのない言動、身勝手な言動に対しては、学級の根本精神を想起させながら、子どもたちの生き方の反省を迫る指導ができる。例えば、友達を傷つけるような心ない発言に対しても、最も大切にしなければならない学級精神からの逸脱として、毅然とした態度で指導することができる。このように学級の根本精神から波及するように、「仲間と助け合う」「仲間と高め合う」人間関係をつくり、学級の集団規範意識を醸成するのである。

学級の雰囲気をよくするためのポイントとして、第三に指摘したいのは、担任教師の人間性、そして教育に取り組む姿勢である。どの担任教師にも、その人が醸し出す「雰囲気」というものがある。そして、それが学級全体の雰囲気に影響を与える。

だからこそ、学級担任となったからには、「攻め学級経営」という、教育に対する前向きの姿勢を堅持したい。教育するための条件が厳しくなるほど、私たちは、その悪条件によって「挑戦」を受けているのである。挑戦状を叩きつけられたら、それを受けて立たねばならない。子どもたちに前向きな姿勢を求め、学級生活のなかで挑戦させるのであれば、まずは教師自身がやる気を奮い起こし、よい学級づくりのために挑戦しなければならない。

## 5　効果的な学級のイメージ

ここで、雰囲気づくりという観点から見た、「効果的な学級」のイメージを一つ描いて、それを共有したい。

沖縄への修学旅行のバスの中。バスの１号車には、中学校３年Ａ組の生徒と担任が乗っている。陽気なバスガイドさんが、声の調子を変えて話し始める。次の行き先は、沖縄戦終焉の地「摩文仁《まぶに》の丘」だ。車中の雰囲気ががらりと変わる。それまでの陽気な雰囲気から「しんみり」とした雰囲気に、戦争の悲惨を学び平和を祈願するのに相応しい雰囲気に変わる。さて今度は、「摩文仁の丘」を発ち、次の目的地であるリゾートビーチに向かう車中。バスガイドさんの声の調子がまた変わる。「平和学習」に向かう「しっとり」したバスが、「エンジョイ・沖縄」で盛り上がる「楽しい」バスに一変したのである。

バスの２号車には、３年Ｂ組が乗っている。「摩文仁の丘」に近づいて、ガイドさんが沖縄戦の話を始める。しかし、バスの中を流れる空気は少しも変わらない。生徒たちは、ガムを噛みながら勝手なおしゃべり。さて、慰霊と平和記念館の見学を終えて、次の目的地リゾートビーチへ。バスガイドさんが、「エンジョイ・沖縄」と呼びかけても、今ひとつ盛り上がらない。

２台のバスは、２つの「移動教室」である。どこに向かっているのか何をするのかに応じて、相応しい心理状態、雰囲気を瞬時につくれる学級と、そういう切り替えができない学級。その違いを、２台のバスの「車中」の様子で示した。「効果的な学級」とそうでない学級。その差は大きい。思いっきり盛り上がればいいところで盛り上がれない学級は、「しんみり」しなければならないところで「しんみり」できない学級である。決して笑ってはならない場面で、そのシリアスな雰囲気をつくれない学級に限って、皆で「はじけて」よいところで「はじける」ことができない。心から楽しむことができないのである。

雰囲気づくりという観点から、「効果的な学級」のイメージと、その逆の、だらしない学級、けじめのない学級、メリハリのない学級のイメージを、移動するバスを使って描いた。教室の中で仲間とともに学んだり、楽しんだりするとき、それに相応しい心理状態、「場の空気」というものがある。その切り替えが上手にできる「効果的な学級」には、教室を流れる空気を読み、空気を変えることができる「効果的な教師」がいる。

## 6　制空権をかけた戦い

教室に「すさんだ空気」をもち込む子どもがいる。学級担任の言うことをきかず、いろいろな問題やもめ事を引き起こす。こういう子どもが何人かいて、しかも、これにその他大勢の子どもが同調し、そのことによって教室全体の雰囲気がすさみ、やがて担任教師による統制がまったく利かなくなると、いわゆる「学級崩壊」である。

学級崩壊に至るまでに、一部の子どもがもち込む「すさんだ空気」は、担任教師が教室の中に醸成したい「教育的雰囲気」とは違うものである。ここには当初、空気の支配をめぐる「制空権をかけた戦い」が繰り広げられていたはずである。その他大勢の子どもが、「すさんだ空気」を持ち込む子どもの側につき、マイナスの同調を起こしたことで、「制空権をかけた戦い」の勝敗に決着がついた。残念ながら、集団心理の指導者として学級集団に影響力を行使できなくなった担任教師が、この戦いに負けてしまったのである。

では、担任教師は、この戦いに勝てばよいのか。もし、「すさんだ空気」を教室に持ち込む子どもを徹底してやりこめる、排除するという形で、この戦いに決着をつけてしまえば、それはそれで問題であろう。「安心して過ごせる」学級が、一部の子どもの排除の上に成り立つなんていうことはありえない。

ここら辺りが、「制空権」という軍事用語を用いた説明の限界になるが、実は、「効果的な教師」はもとから同じ土俵で戦っていないのである。というのは、「安心したい」「成長したい」というのは、荒れている子どもを含めて、どの子にも共通の願いだからである。荒れた子どもは、その願いとは真逆のふるまいをしながら、心の底では、学級の仲間に受入れられたい、新しい担任のもとで成長したい（変わりたい）と願っている。担任教師は、表面上は見えにくくなっているこの切実な願いに、粘り強い学級（の雰囲気）づくりの実践を通して応えてやらねばならない。教師が戦うべき相手は、特定の子どもではなく、子どもたちの安全・安心をおびやかし、成長への足を引っ張っている「すさんだ空気」なのである。この戦いに勝利するために、担任教師は、教室のどの子どもの中にもある「安心して過ごしたい」「頑張って成長したい」という願い―たとえ、子どもがその願いとは裏腹のふるまいをしていても―と同盟を結ぶのである。

## 7　学級の雰囲気といじめ

学級に「教育的雰囲気」を醸成することが、「いじめ」に対する最大の予防になる。逆に言うと、教室の「すさんだ雰囲気」は、いじめの「培地」である。からかいのような「いじめの芽」が、本格的ないじめに発展するか、それとも終息するのか。その行き着くところを見る上で、鍵を握るのは「周囲の子どもたち」の反応である。彼らこそ、教室に流れる空気によって、プラスの方向にもマイナスの方向にもなびく、「教室の雰囲気の担い手」なのである。言うまでもなく、「教育的雰囲気」が醸成されている「健康な学級」では、マイナスの同調行為は起こりにくい。「健康な学級風土」が「いじめ」の発生を抑止するのである。

どの学級にも、孤立しがちな子どもや、弱々しい感じを与える子どもがいるものである。こうした子どもが、教室の中で「守られている」と感じているのか、それともびくびく怯えているのかは、学級風土の健康性を見極める一つのバロメーターになる。教室の雰囲気が悪い方向に流れているとき、こうした子どもへの冷やかしの笑いが浴びせられるようになる。彼らが「安心して過ごせる」学級は、誰もが温かく受け入れられる「健康な学級」である。

担任教師は、こうした「教育的雰囲気」を醸成するための地道な取り組みを基盤に、学級で起こった仲間関係の問題（たとえば「いじめ」）に対して、それを学級集団のあり方を見直すための好機（チャンス）として捉え、「攻めの姿勢」で臨むことができる。

いじめられている子どもは、学級集団（の雰囲気）が「荒れる」のを許してしまった「指導力のない教師」には頼ろうにも頼れないし、自分で何とかしようという力も湧いてこない。そういうときに頼れる教師、あるいは側にいてほしい教師は、学級内で起こった問題に対して、その問題への対処を通じて、さらに学級集団の質を高め、学級の雰囲気をよくしていける教師、「攻めの学級経営」ができる担任教師だけなのである。

**【参考図書】**

・山本七平（1983）『空気の研究』文春文庫
・O.F.Bollnow, Die Pädagogische Atmosphäre（1970）、森昭・岡田渥美訳（1978）『教育を支えるもの』黎明書房

（毛利猛）

## コラム1　ネット空間における空気

教室のようなリアルなコミュニケーション空間において、「場の空気」が流れているのと同様に、ネット上のコミュニケーション空間にも、「場の空気」が流れている。リアルな空間であれ、ネット上の空間であれ、人と人とのコミュニケーションがあるところには、必ず「空気」が流れているのである。

ただし、ネット空間における空気は、リアルな空間における空気以上に、同調を促す力、支配力が強く、しかも、しばしば極端な方向へと過熱していく。こうして、たとえば、ネット空間では、一方的なバッシングが起こりやすくなる。ネット上のコミュニケーションに、そういうトラブルが多いということは、誰もが知っている。

ところで、ネット上のコミュニケーションには、もう一つの落とし穴がある。それは、「依存症」の問題である。ネット上のコミュニケーションは、ときに、人を傷つけることもあるけれども、同時に、私たちを癒してくれることもある。ネット空間では、手っ取り早い注目や反応が返ってきて、私たちの承認欲求が満たされるのである。

ネット空間は、ときに、悪意に満ちた「攻撃的な空間」になるけれども、同時に、私たちの存在を承認してくれる「癒しの空間」にもなる。ただし、この「癒しの空間」にも、「空気の圧力」、同調圧力は強く働いており、だから、生活のリズムを崩し、自分の目標の達成の妨げになっていることが分かっていても、なかなかやめられない。

子どもたちは、ネット空間で様々なトラブルに巻き込まれる危険性だけでなく、いわゆる「ネット依存」によって生活のリズムを崩し、自分の目標を見失ってしまう危険性にも晒されている。このことの背後には、リアルな空間よりもネット上の空間の方が、空気の支配力、同調を促す力が強く、しかも、大人よりも子どもの方が、そうした力の影響を受けやすい、「場の空気」に流されやすいという事情がある。

（毛利　猛）

# Ⅵ　「学級経営案」の構想と学級づくり

「学級経営案」という言葉を聞いたことはあるだろうか。ここでは、学級経営案と学級づくりについて考えてみよう。経営と言えば、どのような事が思い浮かぶだろうか。例えば、何か事業を営むことやその運営のための仕組み、またはマネジメントとか、人・物・お金の管理のようなイメージが浮かんだかもしれない。では、学級経営案とは、どのような経営案なのか考えてみよう。

## １　学級経営案とは

学級経営案とは、学級担任が学級の子どもたちと日々行う教育活動を行う際の指針であり、拠り所となるものと言ってよいだろう。学級のめざす方向性やそのために具体的な手立て等を幾つかの視点から整理して、年度初めの４月末から５月初めごろに記載する場合が多くみられる。

学級担任は、この学級経営案を作成することを通して、児童生徒一人一人を見つめ直すとともに、学級での取組について見落としがちな点を発見したり、改めて見直したりすることにもつながるのである。作成の過程を通して、担任自身の学級経営に関する考えを深めたり、手立てをより明確にしたりすることにもつながる。そのような点からも、学級経営案を基に実現していく営みこそが学級経営と言えるだろう。

## ２　何を記載するのか

地域や校種による違いもあり、多様な形式でまとめられているので、一律にこのような形式であるとは言い難い。ここでは、筆者自身が勤務してきた学校や地域での形式をもとに記載する主な内容について簡単に紹介する。

①学級の「目標」（学級教育目標、学級スローガン、目指す子ども像など）

②学級「経営方針」

③学級の「実態」（学習や生活上の子どもの実態、学級の全体的な傾向、特に配慮を要する子どもについて、家庭の状況など）

④学級経営で具体的に大切にしたい指導の手立てと計画（教科、道徳科、特

別活動、生徒指導、健康安全、教室環境、家庭との連携など)

⑤指導経過と評価

最近では紙媒体にせず、データで提出する学校や特定の個人情報を省いて学校教育計画の巻末に綴じる学校もある。また、学級経営案を基に5月の連休明けや学期末の振り返り時期等に管理職との個人面談を行う場合もある。

## 3 学級経営案を作成するために大切にしたいこと

担任として、学級経営案を作成する前に確認や把握しておきたいこととして、次のような点が大切となってくる。

①学校教育目標や学年団の経営方針、重点事項をしっかりと理解すること

②昨年度の担任との引継ぎ(連絡や記録をもとに、前任者の経営方針や児童生徒との約束事、特に配慮してきたこと等)

③一人一人の実態等を理解しておく(年度当初としてのできる範囲で)

そのためにも、子どもたちとコミュニケーションをとりながら、様子をしっかりと観察することが重要である。

上記の②や③に関しては、決して子どもを先入観で見てはいけないが、知るべき正しい情報や配慮すべきことは引継ぎを行っていなければ、子どもたち自身が不安になり戸惑うようなことにもなりかねない。学年団主任や先輩の先生方に聞いて確認してみよう。

## 4 学級経営案をかいてみよう

まず、あなたの学校の教育目標や学年団の目標を再確認しよう。大学で試みる場合は、例えば、下記のように団の目標を仮に設定して書いてみよう。小学校を例に示すので、校種や学校により適当にアレンジしてみよう。

団の目標(例) 低学年「やさしさ と えがおいっぱいの なかまづくり」

中学年「みとめ合い助け合うなかまづくり」

小学校 第　　学年　　組 学級経営案

1 学級教育目標 「　　　　　　　　　　　　　」

学級教育目標は、子どもに教師の願いを理解させるだけでなく、子どもの思いも表出させながら、可能な限り話し合いで決めていきたい。

2　学級の実態（例）

学級の子どもの実態を、勘や経験に頼ることなく、子ども理解のためのアンケートや観察で得た資料、習慣等についてはチェック表や指導項目表を活用して学級経営上問題となる点や配慮を要する子どもの把握を行う。

（1）学級の構成　　　男子15名　女子15名　　　計30名

（2）学習面：全体として素直で何事にも真面目に取り組むが、自ら進んで質問したり、調べようとしたりする姿は見られない。失敗や間違いをおそれて、周囲を気にしながら学習する姿が少し見られる。・・・・・・・・・・

（3）生活面：挨拶はよくできているが、場に応じた言葉遣いができる児童は少ない。周りの状況や人間関係に影響されず自ら考えて行動できる児童はごく一部である。また、男女の仲はよいが、教員の見ていないところでは、些細なことで休み時間にもトラブルがみられる。・・・・・・・・・・・

（4）その他（例：配慮すべき事柄や養護教諭と連携を図りたい点等）

・家庭の状況で朝食を食べてくることが困難な児童や身体的に教育活動に配慮が必要な児童走ることが困難な児童の状況を把握して、連携を取りながら支援できるようにしたい。

3　学級経営の方針と具体的な手立て

（1）教科指導　　①方針　　②手立て

ここで言う方針とは、「どのようなことを目指すのか、その方向性」で、手立てとは、その実現のために具体的に何をするのか、どのようなことを大切にしたいのかである。手立ては、方針を受けて、そのために・・・・と考えてみよう。できれば、具体的な手立てを２つ考えてみよう。

（2）道徳教育　　①方針　　②手立て

（3）生徒指導　　①方針　　②手立て

（4）教室経営　　①方針　　②手立て

（5）いじめを生まないクラスづくりのために　　①方針　　②手立て

4　評価（指導経過と反省）

年度当初に作成した学級経営案は、短期間での見立てなので、子ども理解に努め、担任の指導計画や方法、子どもの変容など適宜に評価を行い、次の活動計画に生かしていくことが大切である。少なくとも学期毎に反省を行い、経営案をより具体的なプランにしていきたい。

| | 教科指導 | 道徳教育 | 生徒指導 | 教室経営 | いじめ防止 |
|---|---|---|---|---|---|
| 1学期末 | | | | | |
| 2学期末 | | | | | |
| 年度末 | | | | | |

## 5 構想を通して「子どもをみる」から「子どもがみえる」へ

学級経営案を構想する年度当初は、担任にとっても新しい学年や学級になり、個々の顔と名前を一致させるだけでも大変で多忙な日々であろう。一方で子どもたち自身も、新しい環境のなかで様々な不安やストレスを抱えているだろう。

そのような中でも、その子が認めてほしい点や行為を見逃さずに称賛し認められるように心がけてみてほしい。容易ではないが、チームワークや連携を基盤にして、子どもと共に過ごす時間の最も多い担任が、自分の目で子どもの言動や表情を観察し、理解し、その場で働きかけていくことが重要である。

その積み重ねで、少しずつでも一人一人を正しく理解し、信頼関係の礎が築かれていくのである。換言すれば、子どもの様子や外見を何となく「子どもをみる」だけでなく、見えない内面を見ようと「子どもがみえる」ということを意識してほしい。声にならない心の叫びや願いも含めて、目に見えないことを分かろうとする努力や受けとめようとする教師の姿は、必ず子どもに伝わるのである。

そして、学級経営案の作成にあたっては個々のよさや目標を把握しながら、より伸ばしたり励ましたりしながら、どのような学級経営を目指すのかを意識して欲しい。まさに、多様な個々の集まった集団が、一つの学級という共同体として、どのような方向を目指していくのか、そのビジョンである。

学級経営案の構想を通して、「子どもをみる」だけでなく、「子どもがみえる」ということもあわせて大切にして欲しいと願う。

**【参考文献】**

・有村久春（2003）「学級づくりスタートブック」教育開発研究所

（植田和也）

# Ⅶ　学級経営の視点を生かした学習指導

## 1　教科の指導と生徒指導の一体化

学校生活の中で最も多い時間は学習活動である。その学習活動の多くは、教室で学級を単位として行われる。日本型学校教育の特徴として、学習指導を担う教師が同時に生徒指導の主たる担い手にもなる。教師は学習指導において児童生徒一人一人に対する理解を深めながら、学級という集団の関係性を高めつつ集団の学びも深めていくことを求められている。

生徒指導提要（改訂版）では発達支持的生徒指導を基盤にしながら「個に応じた指導」を行うように示している。また、中央教育審議会は「『令和の日本型学校教育』の構築を目指して」の「第1部総論3.（1）子どもの学び」で「個別最適な学び」と「協働的な学び」の実現を挙げた。「個別最適な学び」は「指導の個別化」と「学習の個性化」からなる。「指導の個別化」と「学習の個性化」を教師視点から整理したのが「個に応じた指導」であり、学習者視点から整理したのが「個別最適な学び」としている。共に「個に応じた指導」という概念で共通しており、学級では学級経営の視点「自主的・自発的」「安心・安全」「多様性」から関係性を高めつつ、学習の充実も図る必要がある。その関係を教科の指導と生徒指導の一体化と併せて学級経営を位置づけ、下図で表した。

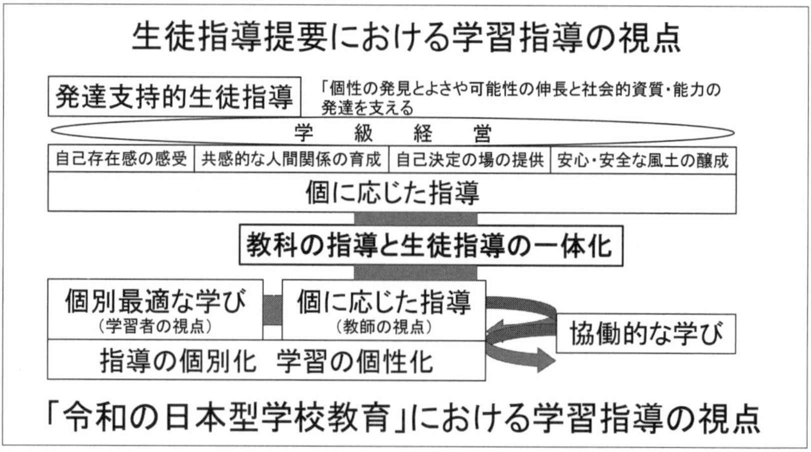


【教科の指導と生徒指導の一体化の関係図】

## 2　教科の指導と学級経営

### (1)　個別最適な学び(個に応じた指導)

「指導の個別化」とは、すべての児童生徒が目標達成することを目指し、支援の必要な子どもに効果的な指導を行い、一人一人の特性や学習進度、学習到達度等に応じて指導方法や教材等の提供・設定を行うことである。そのためには、児童生徒理解が大切になる。学習の前に日常の観察やプレテスト(診断的評価)等を通して、一人一人の特性等を把握・分析し、指導方法を工夫する。学習のつまずきだけでなく、学級の人間関係が学習意欲の差となって現れる場合もある。また、「学習の個性化」とは、教師が児童生徒の持つ資質・能力等を土台として、興味・関心や自分の考え方に合った学び方や表現方法や学習内容等を選択し、自己決定して取り組む機会を提供することで、子ども自身で目標に向けて学習が最適となるように調整することである。これらの指導によって生徒指導の視点である自己存在感の感受を促進する授業づくりや自己決定の場を提供する授業づくりが行われる。

### (2)　協働的な学び

「協働的な学び」は、同じ時間や場所で同学級、同学年、異学年や他の学校の児童生徒、地域の方等、多様な他者を価値ある存在として認め、互いの感じ方や考え方にふれあい、認識し、協働しながら課題を解決する学びである。様々な人と関わりながら学び、自分たちの学びが他に影響することで、学びを通じて自分の存在が認められる。主体的に学んだことは、学びを生かす意欲や積極性につながっていく。この学びは集団で行われ、個が埋没しない、だれ一人孤立しない学びである。生徒指導の視点の自己存在感の感受を促進する授業づくりや共感的な人間関係を育成する授業づくりが行われる。

教科の指導の2つの学びと生徒指導、学級経営は右図のようにつながる。

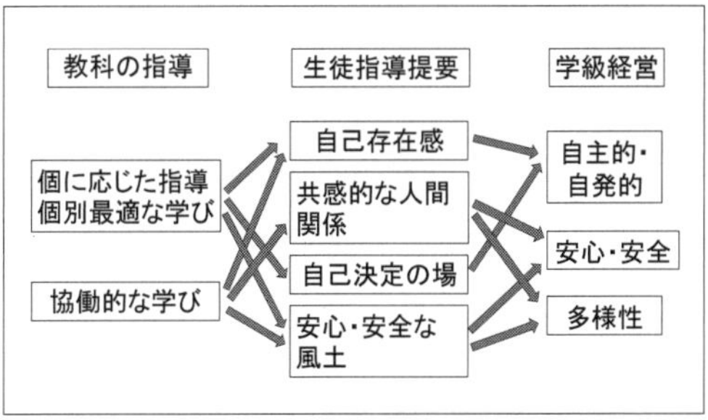


【教科の指導と学級経営のつながり】

## 3　学習過程における学級経営の視点

### (1)　基本的な学習過程

基本的な学習は下図のような学習過程をとる。学習課題に対して個々が反応し、相互に交流することで個の考えを深め、共通の課題解決へと進んでいく。

学習は児童生徒が主人公である。学習活動を考える際は、学ぶ立場で教材研究を行い、事前把握した一人一人の実態に応じて学習内容の精選や学習方法の工夫を考える。発達段階によっては学習方法を決定する機会をつくる。授業中は全体を通じて指名の仕方や発言の取り上げ方、机間指導(補助簿の活用)等配慮し、様々な意見が受け入れられるような雰囲気を作りながら一人一人が分かる授業を行う。それぞれの学習過程で学習内容の理解や資質・能力を身につけながら学級経営に留意する視点を右図で示した。

| 学習過程 | 児童生徒の反応 | ○学習活動と◎学級経営の教師の視点 |
|---|---|---|
| 全体 | | ○◎指名方法、発言の取り上げ方、机間指導、座席配置<br>意見が受け入れられる雰囲気、グループ構成 |
| | 興味・関心<br>学習課題 | ○学ぶ内容の方向に導く。<br>・学習課題に対して目的や必要性を引き出す。<br>◎児童生徒相互の関わり合い<br>○◎学習課題・内容・教材・方法・学習形態の選択 |
| 展開 | 課題の反応<br>A　B　C<br>←→←→<br>A'　B'　C' | ○個々の学習内容の理解(個の考え)<br>・認識→思考→表現の過程で課題解決<br>○主体的な学び(課題解決の見通しを持たせる。)<br>○◎対話的学び(個々の考えを関わり合わせる。)<br>・グループ・全体での話し合い(互いの考えの比較)<br>◎グループの中で個の意見が埋没しない配慮<br>◎グループでの活動の段階<br>ペア活動、小人数活動、4～6人による活動<br>◎全体で学ぶ時の個への配慮<br>○◎不十分な意見への教師の対応<br>○◎ICTの活用<br>・タブレットと対面活動を組み合わせ<br>○◎深い学び(個→グループ→全体→個、問い続ける)<br>○◎形成的評価(学習途中の成果) |
| 終末 | A'+B'+C'<br>全体の学習課題の解決<br>振り返り | ○◎個々の学びや変容を振り返る場を作る。<br>(自己評価)<br>○◎他者の学習成果や学習方法を認める場を作る。<br>(相互評価)<br>○自分の考えを表現させる。(既習事項等と関連)<br>○◎がんばったことへの教師の賞賛<br>(個の伸びを認める)<br>○次時への見通しを持たせる。 |

【学習活動における学級経営の視点】

学習環境として座席配置の配慮や学習グループの構成メンバーへの配慮がある。例えば座席配置では、定期的な席替えを含めて、スクール形式の座席やグループの座席、あるいはコの字型の座席により、話しやすくする配慮や学習内容への興味・関心、人間関係等によるグループ構成への配慮である。

授業の導入では、児童生徒に学習に興味・関心を持たせることと見通しを持たせたい。このことが、児童生徒が主体的に学習に取り組む意欲と関わってくる。例えば、児童生徒の身近な話題から学習につなげたり、既習事項等と関連付けたりする方法がある。興味・関心を持たせ、学習課題に対する解決方法や手順を全体で話し合いながら確認する。児童生徒一人一人に寄り添いながら、だれもが「分からない」「助けて」と言える学級経営に努めたい。

展開においては、初めに課題に対して一人一人が考えを持てるよう機会を用意する。教師は一人一人の理解の進度を把握し、状態に応じたヒントカードや資料等を用意しておく。児童生徒の状態を把握するために、児童生徒が考えている時に机間指導を行う。机間指導は児童生徒の全体を把握する場合や遅れて進みがちな児童生徒に指導するためなど目的を持って行うことが大切となる。目的によって回る順序や回り方が変わってくる。事前の実態把握をもとに補助簿（内容理解、目標に迫る意見、つまずき等）を利用して形成的評価を手早く行っていく。一人一人が分かる授業となるよう事前に用意した具体的な指導・助言や支援・援助をこの評価と照らし合わせながら、実践していくのである。

次に児童生徒の意見の取り上げ方について考える。全体での話し合いのときに不十分な意見に対しての対応に気をつけなければならない。児童生徒に不十分さを指摘させるのではなく、教師が指摘したり自分で気づくように助言したりする。不十分なことが悪いのではなく、みんなでよい良い考えに練り上げていこうとする教師の姿勢を示すことで、学級の雰囲気を作ることができる。また、児童生徒が無秩序な発言するのではなく、ぼそっとつぶやくことがある。そこには直感的な思考が働き、目標に迫る意見の場合がある。教師はその発言に耳を澄ませ、聞き逃してはならない。その発言を広げたり深めたりして取り上げ、板書に残しながら発言を価値付けるように心がけたい。こうすることで児童生徒は自分の発言が認められたと認識し、自己存在感を高めることにつながっていく。また、個が埋没しないように机間指導で児童生徒を勇気づけておき、意図的指名によって引き出すこともできる。このように一人一人の意見が尊重され、学級での居場所ができるよう配慮していきたい。生徒指導の自己存在感の感受である。展開で行われることが多いグループ学習については後で触れる。

終末では、これまでの学習をまとめた板書等を利用して個々に学習を振り返る時間を取りたい。この時間を取ることで自己の伸びを自覚し、学習への意欲を持たせるようにする。そのためにも最初に自分の考えを持つことが重要である。また、他者の学びを認める相互評価の場を持ちたい。教師の賞賛と合わせて行うことで相互の人間関係が良くなり、学級経営の高まりが図れ、深い学びとなる。生徒指導の自己存在感の感受と共感的な人間関係の育成につながる。

### (2)　グループ学習

「協働的な学び」の学習方法の一つにグループ学習がある。しかし、グループ学習をさせれば協働的な学びになるわけではない。グループ学習には対話を中心とする学習と活動を中心とする学習がある。どちらもグループ学習の際に個が埋没しないような配慮が必要である。そのためにも一人一人が考えを持てるよう教師の働きかけをしていかなければならない。そこには教師の指導や環境づくりが必要である。まず、グループ学習のねらいやどのように話し合うのかといった方法や手順をグループ全員が理解していることが重要である。グループ学習は、多様な思考を出し合うことで互いの考えを深めたり広めたりする場であったり、作業等を分担して協力するための場であったりする。

対話を中心とする学習では、それぞれの場で学習課題に対して一人一人が考えを持つことと、話し合いの際に少数意見に耳を傾ける姿勢を持っていることが大切となる。グループの話し合いでは、一人の考えで進んでしまい他の子どもの考えが生かされない場合もある。学習以前の人間関係が関わっていたり学習理解度の違いがあったりすることから起こる。それを防ぐために、一人一人が意見を言う機会を作ったり、話形を指導したり、カードに書いて話し合ったりしたい。また、タブレットを利用して個々の考えが残るようにしておくことも良い。対話を中心としたグループ学習では小学校低学年では２～３人まで、中高学年で３～５人まで、中学校でも６人までが望ましいと考える。人数が多くなると意見を聞く時間が増え、それぞれの意見を理解したりまとめたりしていくことに時間がかかりグループ学習としての良さが失われてしまう。一方、活動を中心としたグループ学習では、作業を分担して協力し合う場においてそれぞれの役割を明確にし、自分に分担された役割を果たす責任感や自他の言い分を調整する力や自分の考えを自己修正していく力を培っていく。このようなグループ学習を発達段階に応じて適切に行っていくことで、個々のつながりを強めることになり、学級経営にも生きてくる。

### (3)　ICTを利用した活動

現在、児童生徒は一人１台タブレットを与えられている。これを利用することは、未来を生きる児童生徒において不可欠である。また、コロナ禍においてオンライン授業が多く行われ、その可能性を広げた。しかし、課題も指摘され、孤立の学習になりがちで交流することが難しかったり、交流しても対面授業のように相手の表情や雰囲気が伝わりにくかったりした。コロナ禍後、対面授業が行われ始める中で、タブレットを取り入れた授業が望まれている。

#### ①対面授業の中でICTの活用

【対面授業でICTを利用している様子】

右の授業は、一人一人が持つタブレットとグループで話し合う際に思考を助ける小ホワイトボード、個の考えを大きく写したり、全体に資料を提示したりできる電子黒板、さらにグループ間の学びを共有するために黒板を使用している。それぞれの教具の利用の仕方は、個人がタブレット上でカードによる操作を行い、比較・分類を行う。分類したものに意味を書き込んだり、線で関係づけたりする。タブレット上で作成したものは、グループの人やグループ間で共有でき、他の人のカードを自分のタブレットに移動することも可能である。次に自分のタブレットを持ちながら、小ホワイトボードを使ってグループで仲間分けをしたり、分担して作業したものを共有したりする。そのホワイトボードを全体の場に掲示することで、互いのグループの考え方や結論の同じところや違いについて話し合う。行った作業の様子や考えは、個の学びの記録としてタブレットに残る。自分の考えを振り返り、全体で得た考えをそれまでの自分の考えに付け加えたり、友達のよいと思った考えをもらったりして、学習後の自分の考えをまとめる。教師も全員に渡したい情報等を個々のタブレットに送ることができる。これまで通常の授業でできなった簡単に情報のやり取りをすることや、一人一人の考えを記録に残すことなどがICTの良さを取り入れて可能になった。このことによって、個を生かしながら共感的な人間関係を育成することができる。

②遠隔地との交流

ZOOM機能を使い、電子黒板を利用してクラス単位で遠隔地との交流授業実践を行った。6年生が社会科で学んだ歴史事象を確かめるために博物館の学芸員の人と交流をしたり、4年生が総合的な学習の時間で調べを確かめるために他の小学校の4年生と交流をしたりした。より確かな情報を資料を基に分かりやすく説明してもらったり、共に活動している同学年の子どもから話を聞くことで、同じような考えで納得したり違う視点からの意見で活動意欲が起こったりした。時間を設定する必要はあったが、行き来する時間はかからず、効率的に学習を行うことができた。協働する人を広くとらえ、共感的な人間関係の広がりを図ることができる。

## 4　様々な学習過程における学級経営上の視点

### (1)　学習の速度差に応じる学習過程

右図は学習の速度差に応じる基本的な学習過程である。算数等少人数指導でよく用いられ、「どんどんコース」「しっかりコース」等の名称で行われている。この学習は各コースの丁寧な説明を受けてから、子どもたち自身がコースの選択をする。初めは、コース選択に戸惑うかもしれない。しかし、自己決定をする機会を持つことや自分の学びを認識することを大切にしたい。教師は、事前調査での学習理解度

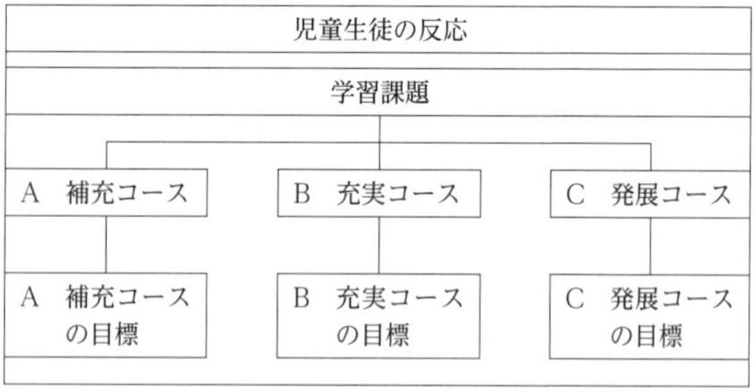


【学習の速度差に応じる学習過程】

の差を把握しつつも温かく見守りながら適切な助言をしていく。どのコースを選んでも同じであるという認識を教室内につくることが大きな役割となる。また、ここでもICTの活用が考えられる。それぞれのコース選択をタブレット上で行うと、児童生徒は他の人がどのコースで学習しているか分からない。それぞれのコースに必要な情報をセットしておくことで、個別に学習することが可能となる。教師は、コースごとに学習が可能なプログラムを用意することと、教師のタブレット上で個々の学習の様子を把握して、タブレットで対応できないつまずきのある児童生徒に支援・援助ができるように準備しておくことが大切である。生徒指導の自己決定の場の提供と安心・安全な学級をつくることになる。

### (2)　学習者の個性の応じる学習過程

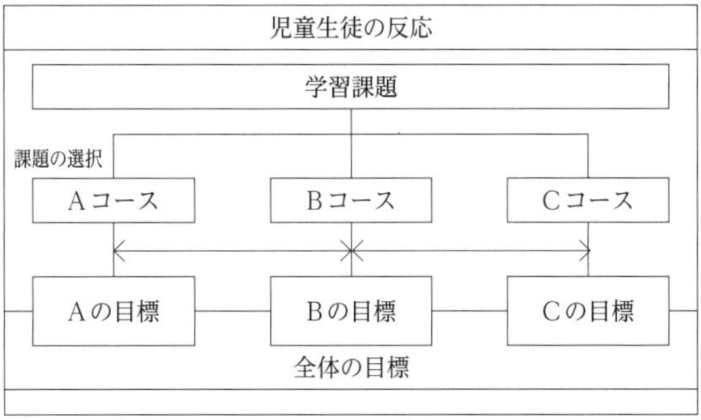

【学習者の個性に応じる学習過程】

右図は学習者の興味・関心に応じる学習過程である。図画工作等に多く見られる。共通の課題に対して、学習者が課題を選択して目標に迫っていく。例えば、風景を描く題材に対して、風景の選択や配色、構図等について学習者に任される。自分の表現したい風景を描きながら、目標を達成する学習である。この学習過程の留意点は、個が孤立しがちになることである。そのため学習の途中で構図や配色、技法等の互いの良さについて評価し合う場を用意したい。そのことが課題解決にもつながるし、生徒指導の共感的な人間関係の育成にもつながる。

**【参考文献】**

・文部科学省（2021）「『令和の日本型学校教育』の構築を目指して～全ての子供たちの可能性を引き出す、個別最適な学びと、協働的な学びの実現」16-19頁
・文部科学省（2023）『生徒指導提要（令和４年12月）』東洋館出版45-48頁
・高松市立亀阜小学校（1987）『個に応じた「学ぶ技術」の育成』明治図書

（日下哲也）

# Ⅷ　授業を通した学級経営<br>～授業で子どもと子どもをつなぐ～

## 1　授業を通した学級経営の必要性

小学校低学年期のキャリア教育では、「小学校生活に適応する」「身の回りの事象への関心を高める」「自分の好きなことを見付けてのびのびと活動する」（文部科学省、2023、94頁）という子どもたちの姿を具現化していくことが求められている。これからも分かるように、学校は、子どもが自分らしさを発揮しながら思う存分活動し、好きなことやできることが増えていく実感をもち、自信をもてる場所となっていかなければならない。学校は、子どもにとって楽しい場所であり、今後も学び合う仲間と共に、様々な活動や学習に意欲をもって向かうことができる場所となっていかなければならないのである。

しかしながら、「東アジアの子どもたちが共通して、物理的には学校には出席しているが、学級や学校への帰属意識は他の国に比べて低い」（秋田、2012、9頁）という状況が続いている。これは秋田（2012）も述べているように、学級や学校において、子どもたちが「匿名性に埋没」（10頁）している状況である。このような状況の学級や学校では、子どもが他者に関心をもつことも少なく、一人一人が自分や他者の持ち味を感じられるような機会も少ないであろう。

秋田（2012）は、ベルギーのフェール・ラーバース教授の「0～18歳までの教育の質は、（中略）居場所感と夢中・没頭の二軸で決まる」（12頁）という言葉を挙げ、「仲間と共にいる教室に居場所感があり安心してクラスにいられ、そしてそこで教えられる内容に没頭できること、その活動とそのための空間を保証しない限り、教師の指導法や教材論だけでいかに授業の方向性を示したとしてもそれは上滑りで無機質になる。」（23頁）と述べている。学校生活の大半が授業時間である。教師には、子どもが安心・居場所を感じる教室空間の中で、夢中・没頭できる授業を保障することが求められるのである。

## 2　授業で子どもと子どもをつなぐためのストラテジーをもつ

授業の中で子どもと子どもがつながるためには、つながり方やつながりの深め方を身に付ける必要がある。1年間を通して子どもがそのような学び方を身に付け、それらの質を高めることができる場を、教師は意図的・計画的に提供することが求められる。担任としてのストラテジー（戦略）が必要なのである。

以下の図は、大段（2019）が、藤上への面接調査をもとに、深い学び合いを促す担任としての１年間のストラテジーについて整理したものである。

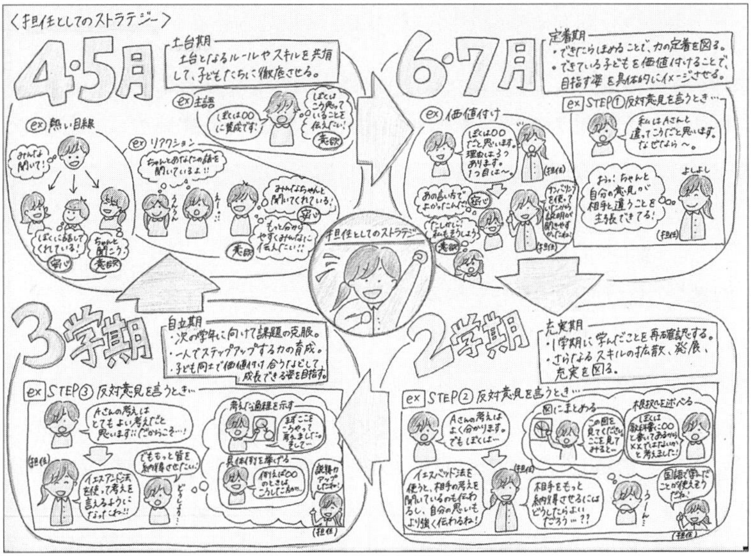


【担任としての１年間のストラテジー（例）】［大段（2019）、24頁より抜粋］

ここで大切なのは、教師がストラテジーを子どもに押しつけないことである。教師側が子どもに身に付けさせなくてはならない学び方を把握しておき、子どもの姿の中にその学び方やその学び方につながる芽を見取り、それらを価値付け、学級の皆の共有財産としていくことが大切なのである。それとともに皆がそれらを場や状況に応じて活用できるように促すことが大切である。

しかし、担任一人の力だけでは、子どもの育ちはつながらない。育ちをつなぐためには、どのような姿が子どもと子どもがつながっている姿なのか、その姿を生み出すためにはどのような手立てが必要なのかについて、教職員が実際の子どもの姿をもとにして共有していくことが重要である。例えば、普段から以下のような相談し合える関係をつくりたい。

教師A「反対意見が出るとすぐにけんか腰で話し合い始めて、自分の考えを押しつけるような話し方をするのですよ。どうやったら相手の立場を尊重できるような話し合いができるのでしょうか。」

教師B「私は、『私は、…と思います』と主語を付けて言ったら、考えを批判しているだけであなたを否定しているのではないという言い方になるという話を研修会で聞いたので、試したらうまくいきました。」

学年の垣根を越えて、このような語り合う関係をつくることで、子どもの発達段階や経験に応じた手立ても明らかになる。同僚性を高めていくことで、子どもと子どもをつなぐための手立てのバリエーションが増えるとともに、一人一人の教職員の力量も高くなり、子どもの育ちは保障され続けていく。

## 3　授業でつながるための土台をつくる

### (1)　学び合う仲間の気持ちを盛り上げるリアクション名人になるために

子どもたちがつながり合い、学び合うためには、「きき手」の指導が欠かせない。「きき方」には3つの方法がある。その3つの方法を「聞く→聴く→訊く」と段階を追って指導し、話す側に対する反応の仕方も、具体的に見える化・共有化する必要がある。そして最終的には、状況によって「きき方」の使い分けができる「きき手」を育てていく。ペア（2人組）での話し合いを深化・活性化できない子どもたちが、グループや学級において、つながりながら学び合うことは難しいと考えている。そのため、私は、学級開きの直後から、ペアでの話し合いの力を高めるための活動を設定していた。取組初日の活動では、「今はまっている食べ物（話題は子どもの様子を見て決める）」について、片方が話題提供者として話し合うのだが、1回目は30秒、2回目は3分という時間設定にしている。その時間内、話し続けることが条件である。30秒は、「もう終わったの！」というペアが多いが、3分となると1分を過ぎたあたりから、残り時間を気にしたり、話が止まったりするペアが増えてくる。初回は、3分話し続けるこ

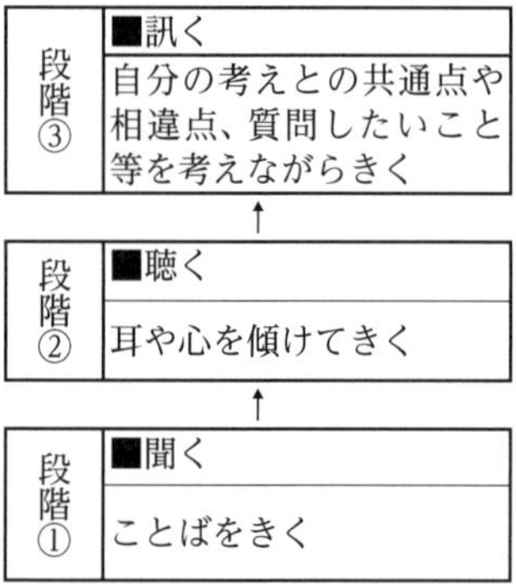

【聞くから訊くへ】

とが難しいペアが多い。そこで、教師は、3分間話し合い続けることができたペアの関わり方の良さを価値付け、皆で共有し、広げていく。そのためにも、語り合っている様子から、子どもが活用している学び方を見取っておく。例えば、以下のようなつながりを生み出し、深化させる学び方を見取り、価値付ける。

【第1回目に教師が見取るつながりを生み出し、深化させる学び方（例）】

| | |
|---|---|
| きき手 | ○相手の気持ちを盛り上げることに関すること<br>・笑顔　・うなずく　・反応する言葉を発する　・質問する　等 |
| 話し手 | ○きき手に伝わる話し方・イメージを共有する話し方等に関すること<br>・身ぶり手ぶり　・絵や図、（実物）等を用いる<br>・具体例を挙げる　・問いかけて相手の反応を促す　等 |
| 双方に関係すること | ○話し合う心構えに関すること<br>・体の向きや視線 |

また、3分話し続けることができたペアに皆の前で話し合いを再現させたり、話し合って感じた思いを挙げさせたりして、子どもたち自身で有効な学び方を見つけるような場を設定することが大切である。そして、共有した学び方は皆で学び合った証として掲示物にして、見える化したい。しかし、それを常掲するのではなく、活用できるようになったら外し、子どもたちが達成感をもてるようにし、さらに一段階上の学び方に挑戦できるようにしたい。

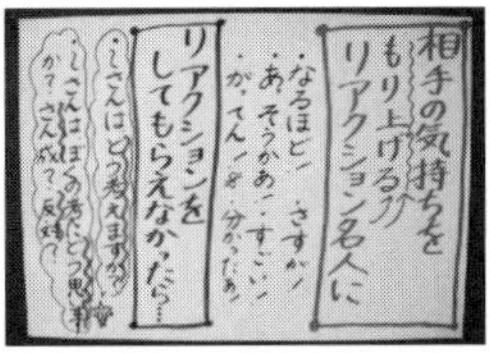

【共有した学び方】
（藤上、2015、159頁）

【ロッカー横に蓄積した外した掲示物】

子どもたちと反応の仕方について共有する際に、留意したいことがある。それは、形式的に皆に同じように「いいです」というような反応を求めるのではないということである。一人一人が自分の心の動きや考えを素直に言葉や行為に表すことができる雰囲気をつくる重要性を、子どもたちと共有したい。

### (2)　朝の会等の時間を使って話題を提供する側もスキルアップ

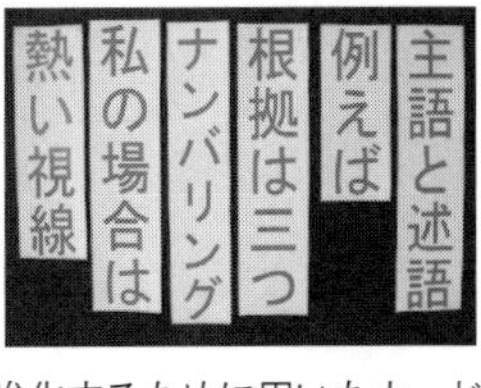

【強化するために用いたカード】

つながり合う資質・能力をもったきき手を育てようとしても、話す側が反応したくなる伝え方や伝える内容で話さねば、共有した学び方も形式化・形骸化する。そこで、「○○」強化週間等と称して、身に付けさせたい学び方を焦点化し、朝の会や授業でこれらを意識して活用させ、一人一人が話し手としての資質・能力を高めることができるようにした。右上図のカードは、黒板の隅に貼って活用したものの一部である。

### (3)　反対意見を言うときこそ、自分の意見に責任をもつ子どもに育てるために

仲間と互いに考えを尊重し合い、学び合うためには、反対意見を言う際にこそ、自分の言葉に責任をもつことが大切である。しかし、そのために必要な学び方も意識させないかぎり身に付かない。そこで、下図の掲示物にあるような意見の述べ方について意識して、発言させる場を設けることが必要である。「理由や根拠を述べる」「Yes-But法を用いて述べる」「Yes-And法を用いて述べる」の3つの述べ方について紹介しているが、活用する難易度が異なり、下図に表したように、身に付けていく段階があると考えている。

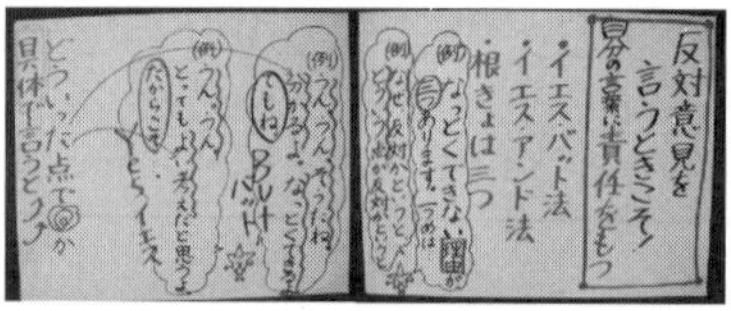


【共有した反対意見の述べ方】
（藤上、2015、159頁）

| | |
|---|---|
| 段階③ | ■Yes-And法を用いて述べる |
| | ↑ |
| 段階② | ■Yes-But法を用いて述べる |
| | ↑ |
| 段階① | ■反対する理由・根拠を述べる |

【反対意見を述べ方の段階】

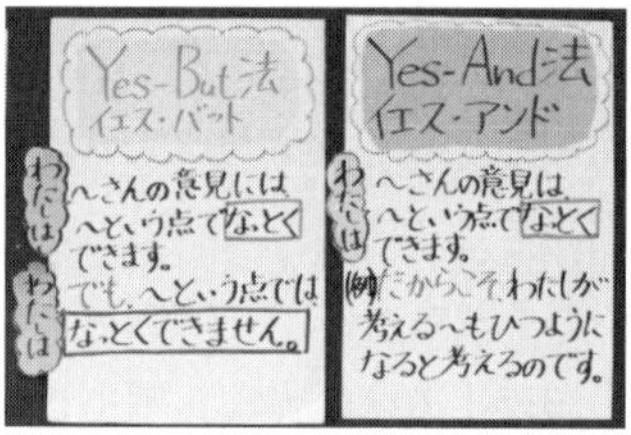


【強化週間で用いた掲示物】

## 4　授業の中で子どもと子どもがつながるために

以下に、子どもと子どもがつながるために必要な学び方の例を挙げる。

【子どもと子どもがつながり合い、学び合うために必要な学び方とその効果等】

| つながる学び方 | 子どもが活用している例 | 効果 |
|---|---|---|
| ナンバリングする | 「私の考えは2つあります。1つめは…2つめは…。」<br>「私は～と考えます。その理由は3つあります。1つめは…。2つめは…。3つめは…。」 | ・話す側は、論理的に自分の考えを述べることができる<br>・きく側は、いくつ考えや理由があるか最初に分かるので、話す側のキーワードを捉えやすい |
| 結論を述べてから説明する | 「私は～と考えます。その理由は…。」<br>「私は～を選びます。なぜかというと…。」 | ・話す側は、論理的に自分の考えを述べることができる<br>・きく側は、考えの共通点や相違点を見いだしやすくなる |

| つながる学び方 | 子どもが活用している例 | 効果 |
|---|---|---|
| 問いかける | 「みなさんは、～についてどう考えましたか？」<br>「私はどれを選ぶでしょう？」 | ・きく側の反応や思考を促すことができる |
| 確認する | 「～ですよね？」 | ・話す側は、思いや考えが伝わったか否かが分かり、不足を感じたら説明を付け加えることができる<br>・きく側は、納得できたかどうか、理解できたかどうか反応できる |
| 推論する | 「～さんの言いたいことは～ではないですか？」<br>「～さんは～に目を付けたのではと考えます。」 | ・推論する側は、相手の考え、視点や課題解決の過程等に寄り添うことができる |
| リボイス<br>（再現）する | 「○さんは～と説明しました。」<br>「△さんの意見は、～でした。」 | ・相手の考えやその要点を聞き逃していないかどうか自覚できる<br>・リボイスできない場合は、再度話した側に関わることができる |
| 言い換える | 「このような問題では、『～方式・～方式』のどちらかを使えばよいと考えました。」<br>「□さんの考えは～ということですか？合っていますか？」 | ・自分の言葉で学習内容、課題解決に有効だった視点や方法等にを表現するので、それらを今後の課題解決に活用できる状態で蓄積できる |
| ヒントを出す | 「ヒントを3つ出します。1つめのヒントは…。2つめのヒントは…。3つめのヒントは…。」<br>「私は、2つの部分に目を付けました。1つは○です。2つめはどこだと思いますか？」 | ・ヒントを出す側は、課題解決の要点を整理したり、皆が思考しながら理解を深めるヒントのあり方について考えたりできる・分かった・できたを皆が共有する過程の良さを実感し、学び合う仲間という意識が高まる |
| 続きを考える | <教師><br>「○さんは、この後にどのように説明すると考えますか？」<br><子ども><br>「私は、この後どのように説明すると思いますか。」 | ・仲間の意見や考え等の意味、課題解決の過程のどの段階について述べているのか等を把握しながら、きくことができる<br>・今後の自分の課題解決の過程を推論して説明することを促す |
| リレーで説明する | 班で（一人目が説明）→（二人目が説明）→（三人目が説明）→（続く） | ・班で納得できたことやそうでないこと、皆が分かったかどうか等をスモールステップで共有しながら関わり合うことができる |

（藤上・茂田、2018、22頁より抜粋）

**【引用・参考文献】**


・秋田喜代美（2012）「学びの心理学」左右社、9頁、10頁、12頁、23頁

・秋田喜代美編（2014）「対話が生まれる教室」、教育開発研究所

・大段美貴（2019）「深い学び合いを促す教師のストラテジーに関する研究」山口大学教育学部学校教育教員養成課程小学校教育コース小学校総合選修卒業研究論文：24頁

・桂聖（2006）「クイズトーク・フリートークで育つ話す力」学事出版社

・藤上真弓（2015）「一人一人に表現力・かかわり合う力の向上を保障するための手立ての研究～訊き合い、高まり合う学級を築き上げるために必要なこととは～」山口大学教育学部附属教育実践総合センター研究紀要39号　159頁

・藤上真弓・茂田幸恵（2018）「授業改善に向けて校内研修のあり方」山口大学教育学部附属教育実践総合センター研究紀要45号、22頁

・文部科学省（2023）「小学校キャリア教育の手引き」実業之日本社　94頁


（藤上真弓）

# Ⅸ　授業中の学習規律

1990年代から、小学校を中心に「学級崩壊」の問題が見られるようになり、現在に至るまでその問題は続いている。「学級崩壊」とは、主に全体指導場面における教師と子どもたちとの円滑なコミュニケーションが困難になる状況であり、授業中の学習規律が成立していない状況である。授業中の学習規律が成立しなければ、教師は個々の子どもたちへの対応に追われる。その結果、ますます全体指導が困難になるという負のスパイラルに陥る。学級崩壊の問題解消のためには、授業中の学習規律の成立について改めて考える必要がある。

また、授業中の学習規律の成立については、子どもたちの学習成果のさらなる向上のためにも考える必要がある。学習規律の成立が教師と子どもたちとの円滑なコミュニケーションにつながることを考慮すれば、結果として子どもたちの学習成果のさらなる向上につながるのは当然である。授業中の学習規律の成立は、「学級崩壊」の問題の解消のためのみならず、子どもたちのさらなる成長をもたらすための、学級経営の重要な一要素と言える。

## 1 「学習規律」とは

学習規律とは、「学び合いわかり合うことに価値をおく学習観を共有し、共同的な関係をつくりながら学習に意志的に参加する意識及び行動のこと」である(住野、1999)。つまり、教師と子どもの間、もしくは子ども同士のコミュニケーションに関わるパターン化された一連の行動及び、それを高く評価する価値観が学習規律である。そして、その行動パターンと価値観が子どもたち全員に共有されている状態が、学習規律の成立である。学習規律が一度成立すると、その学習規律の通りに行動することが高く評価され、その行動をとることがルール化されたり授業中の行動の規範になったりする。

小学校の授業を参観してみると、教師と子どもたちのコミュニケーションに関する行動の多くが学習規律として成立していることがすぐに分かる。例えば、「指名されてから発言する」という学習規律の成立がある。この学習規律は、教師が発問する、子どもたちが挙手をする、子どもたちは指名を受けるまで待つ、教師が指名する、挙手した子どもたちが手を降ろす、指名された子どもが発言する、の一連の行動がパターン化されている。これらの行動パターンは子どもたちと教師に共有されており、低学年の学級ではこれらの行動をとる子どもが教師によって褒められる、すなわち高い価値づけが行われる場合もある。

学習規律として成立している教師と子どもたちのコミュニケーションとは異なる行動で多く見られるのが、授業中の作業や課題への取り組み方に関する行動である。例えば、「テスト中は話をしない」などの行動が学習規律として成立している。テスト中の学級で、話をする子どもは見られない。もしテスト中に話をする子どもがいれば教師がすぐに注意をし、低い価値づけが行われる。作業や課題への取り組み方に関する行動の多くが、コミュニケーションに関する行動と同様に、全員の子どもたちにその行動をとることが期待され、学習規律として成立している。

## 2　学習規律の指導の必要性

学習規律の成立のための意図的、明示的な指導は、主に小学校低学年の学級で行われる。入学後の子どもたちが小学校での全体指導に参加できるよう、教師は授業中の子どものとるべき行動を一つ一つ説明する。教師の説明を聞き、多くの子どもたちがその説明通りに行動するようになって学習規律が成立する。学習規律が成立すると、全体指導が円滑に行われるようになる。

全体指導が円滑に行われるようになると、教師は学習規律成立のための意図的、明示的な指導を行わなくなる。この傾向は小学校中学年以上の学級では顕著に現れ、教師が子どもたちのとるべき行動について説明して指導する場面はほとんど見られなくなる。低学年の段階で学習規律が成立すると、学習規律として成立している行動をとることが、授業中の暗黙の了解となる。全体指導が円滑に行われているため、教師は学習規律成立のための指導をあえて行う必要がない。

しかし、小学校中学年以上の学級及び中学校以上の学校でも、学習規律成立のための指導は必要である。「学級崩壊」の問題は学年を問わず

見られる問題であり、学習規律が乱れる可能性は常にあるためである。中学年以上の学級であっても、子どもたちや教師のメンバーが変わる新年度の時期は学習規律の成立が難しくなるとともに、教師と子どもの間、もしくは子ども同士の間で暗黙の了解、すなわち共有されている行動や学習観が異なる。学習規律の成立のために、中学年以上の学級でも学習規律に関しての共通理解を目指した指導が必要である。

また、ある行動の学習規律が成立、子どもたちの学習成果のさらなる向上をもたらす場合もあることからも、小学校中学年以上の学級で学習規律成立のための指導が必要であると考えられる。例えば、平成29年・30年度改訂の学習指導要領で新たに内容が盛り込まれた「対話的な学び」の実現のために、これまでとは異なる行動を子どもたちが授業中にとる必要がある。その行動が学習規律として成立することで、「対話的な学び」の実現が早まる。実現が早まればそれだけ子どもたちは「対話的な学び」を行う機会が増え、学習成果もより高まる。子どもたちの学習成果を高めることは学年問わず期待されることから、新たな行動が学習規律として成立するための意図的、明示的な指導は中学年以上の学級でも必要である。

## 3　学習規律成立のための指導の方法

学習規律成立のための明示的な指導として、典型的な方法を3つ挙げることができる。1つ目は、学習規律としての成立が期待される行動の具体的な説明である。これは、その行動を子どもたちがとったことが無い場合、特に小学校低学年学級で頻繁に見られる方法である。行動の具体的な説明は言葉によるものだけではなく、教師がその行動を実際に例示する場合もある。

2つ目は賞賛である。学習規律としての成立を教師が期待する行動をとった子どもを見つけた時に、教師がその子どもを全員の子どもたちの前で賞賛する。その結果、その行動に高い価値づけがなされ、他の子どもたちもその行動をとるようにな

り、学習規律としての成立につながる。賞賛は、その行動をただ褒めるだけでなく、その行動をとることによるメリットを説明して教師が高い価値づけを行うことでも可能である。

3つ目は注意である。学習規律から逸脱する行動をとる子どもを教師が見つけた時に、教師がその子どもを注意する。その結果、その行動に低い価値づけがなされ、以後の逸脱行動が抑止される。逸脱行動をとる子どもを教師が個別に注意しても、それを周りの子どもたちが見たり聞いたりすることで、周りの子どもたちも逸脱行動を抑止するようになる。その結果、学習規律の成立が維持される。ただし、注意は教師と逸脱行動をとる子どもとの人間関係を壊すことにつながるという調査結果もあることから、指導方法として適切ではないとの議論もある。いずれかの方法に偏るのではなく、3つの方法を組み合わせての指導が大切であろう。

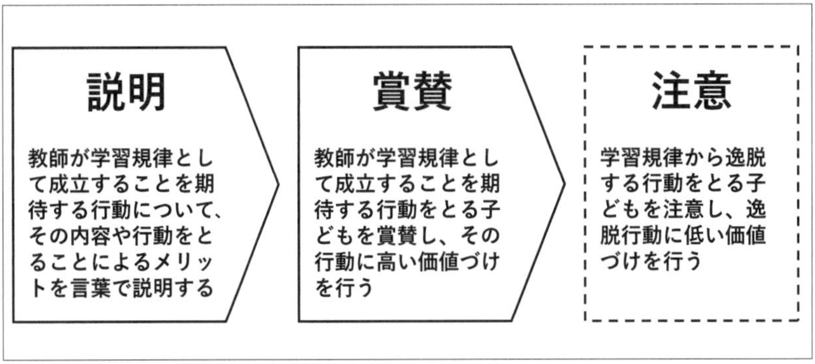


【1年間における、学習規律の一般的な指導過程】

これら3つの方法は、1年間の学級経営の中で順に行われる傾向にある。すなわち、年度初めに、教師が子どもたちに期待する行動を具体的に説明する。その結果、その行動を授業中にとる子どもが見られるようになる。それを教師が発見した際、その子どもを教師が賞賛する。その結果、その行動が学習規律として成立し、その行動をとることが暗黙の了解となる。学習規律が成立すると、規律からの逸脱行動が目立つようになる。その結果、教師は逸脱行動を注意する。逸脱行動が抑止され、学習規律の成立が維持される。学習規律の成立までは行動の説明と賞賛が主に選択され、成立以後は注意により学習規律の維持を図るという指導方法への転換が、1年間の学級経営の過程で一般的に見られる。つまり、学習規律が成立し円滑なコミュニケーションが行われるようになると、学習規律成立のための指導は注意以外の場面で見られなくなる。

しかし、力量があるとされる教師の授業を参観していると、1年間の学級経営の中のどの期間にも、具体的な行動の説明を行う場合が多い。年度初めだけでなく、年度の後半でも学習規律成立の指導を意図的に行い、新たな行動を子どもたちに説明して新たな学習規律とすることで、子どもたちの学習成果をより大きくしているのである。

同様に、小学校低学年の学級だけでなく、中学年以上の学級や中学校以上の学校でも、子どもたちの学習成果をより大きくする教師は、新たな行動を学習規律として成立するための指導を逐次行う場合が多い。中学年以上の学級では一通りの行動が学習規律として成立し暗黙の了解として成立している。そこでは円滑なコミュニケーションが可能な状況ではあるが、その状況に満足せずに、学習規律成立の指導を意図的、継続的に行い、新たな行動を子どもたちに説明して学習規律として成立させていくことが重要である。

学習規律成立のための指導の際に重要となるのが、学級目標や、どのような授業を理想とするかの教師の授業像である。学級目標や教師の授業像は行動の価値観にもなることから、学習規律に直結している。目標や理想が高いほど、教師は授業の現状に満足することがない。高すぎる目標は子どもたちの成長に悪影響を及ぼす場合もあるが、教師は高めの目標を設定し、1年間の学級経営の中で必要に応じてその目標を修正することで、現状に満足することなく、子どもたちのさらなる成長を実現する授業に現状が近似していくと言える。

## 4　まとめ

どの学年、どの校種段階であっても、新年度に新しく学級を担任する時、新しい学級の授業を担当する時、前年度までにどのような学習規律が成立していたのか、子どもたちに確認することが学習規律成立のための指導のスタートであり、学級経営のスタートである。「授業がうまくいかない」と教師が感じる時、特に新年度、学習がうまくいかない時は、教師と子どもたちのコミュニケーションを円滑にする行動が「暗黙の了解」として共有されていない場合が多い。「暗黙の了解」の共有、すなわち学習規律成立のためには、学習規律として成立するべき授業中の行動について、学級全体で一度確認しておく必要がある。

また、その確認により、教師は授業の現状と自身のもつ授業像とを比較して、不足している行動が学習規律として成立するように指導することになる。もし、授業像通りの授業が展開されるようになれば、教師がその授業像をより高い水準に改変して、子どもたちの学習成果のさらなる向上を達成することができるだろう。

授業中に期待される子どもの学習活動は、学年段階や時代背景によってその内容が大きく変わる。教師は担当する学年の発達課題や時代背景に応じて授業像を柔軟に変化させ、子どもたちに期待する行動を日頃から考えておくことが、学習規律の成立とその結果としての子どもたちのさらなる成長を実現することにつながると言える。

**【参考文献・引用文献】**

・笹屋孝允（2024）『小学校における学習規律に関する学級経営研究』風間書房
・住野好久（1999）「学習規律」恒吉宏典・深澤広明（編）『授業研究－重要用語300の基礎知識』明治図書

（笹屋孝允）

# X　教室環境の工夫

## 1　教室環境が子どもたちの成長を左右する

### (1)　学校生活の一日の終わりは整理整頓されたきれいな状態に

学校生活の一日の終わりは、整理整頓された教室環境を保ちたい。なぜなら、そのような教室環境の中で次の一日のスタートをきれる子どもたちは心も落ち着き、見通しをもって、その日の学びに集中できるからである。

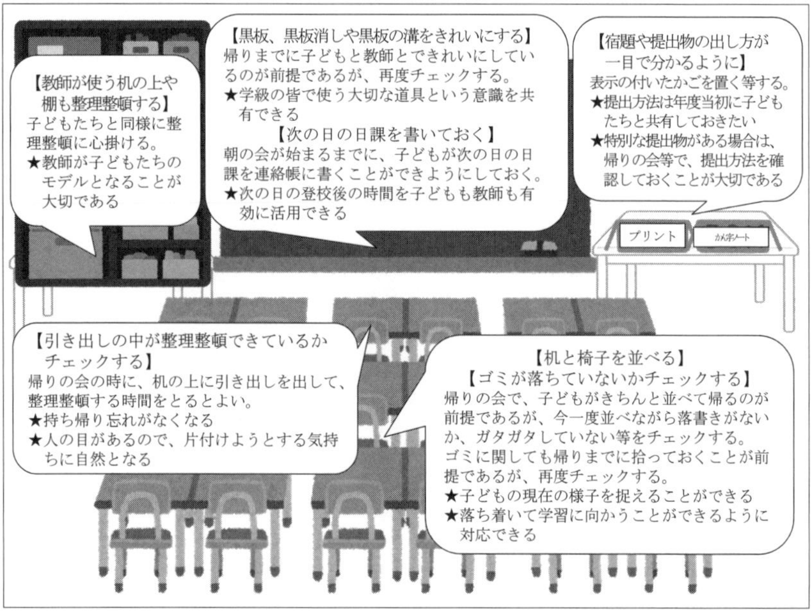


【放課後の教室環境の整え方例とその意図等】

### (2)　教師も教室環境の一部という意識を

私は、朝、必ず子どもたちを教室で、満面の笑顔で迎えることを続けてきた。様々な事情を抱えながら登校してくる子どももいる。しかし、「この教室に入ったら今日も楽しいことが待っている」という思いを子どもたちにもってほしい。教師も様々な事情を抱えている。家庭の事情や校務分掌等で、教室に一番に入ることができない日もある。そういう時は、黒板にメッセージを書いたり、前日に日直にお願いをしたりする等、自分が置かれた状況に応じて工夫して行っていけばよいであろう。教師も教室環境の一部であり、「先生に会えると元気になる」という関係を子どもたちとつくっていきたい。

## 2　教室掲示や教室環境整備の工夫

### （1）　前面掲示と環境整備

#### ①前面の上側

学校教育目標や学級目標等を掲示するが、子どもたちの目に常に入ってくる位置にあるものなので、できるだけすっきりさせることが望ましい。

#### ②前面の黒板の横スペース

黒板の横に掲示板がある場合は、行事予定、学年通信、学級通信等を掲示することが多いが、前面なのでなるべくすっきりさせることを心掛けたい。学校によっては、授業が始まるとその部分をカーテンで覆って子どもたちの注意がそこに向かわないように工夫している。

### （2）　背面掲示と環境整備

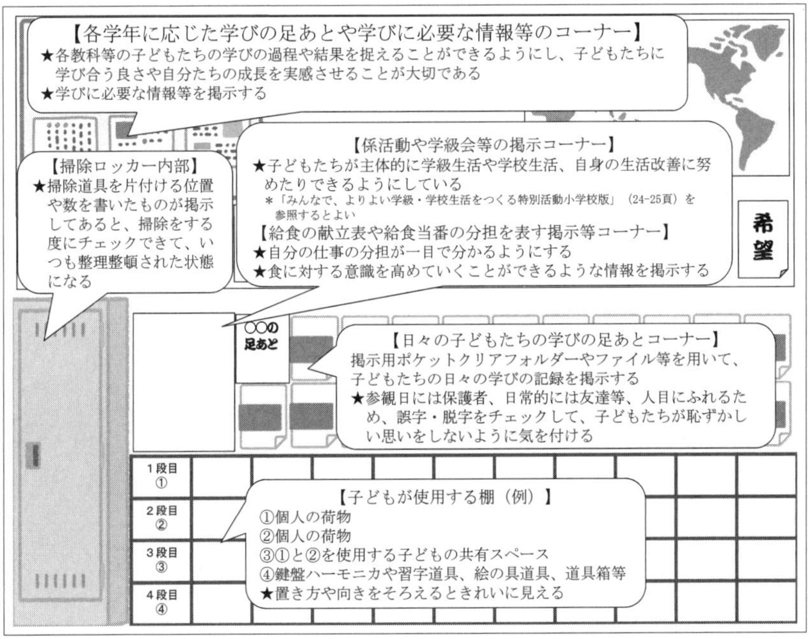


【放課後の教室環境の整え方例とその意図等】

背面掲示は、一人一人、グループや学級全体の学びの過程や成果が捉えられるようにしたい。教師だけが創り上げるのではなく、掲示物のタイトルを子どもが作成したり、子どもたちが学級生活や学校生活、自分自身の生活をよりよくするために活用したりできるようにしたい。

物の整理については、子ども自身が整理整頓するコツを把握しながら環境整備に自ら向かっていくことができるようにしていきたい。

### (3)　側面の活用例

教室によってレイアウトが異なるので、それに応じて工夫したい。

#### ①学びに向かう力を子どもがもち続けるための教室環境の工夫

以下の側面の棚の活用例は、子どもたちの学力向上を図り、子どもたちの学びに向かう力をもち続けるための手助けをする教室環境の例である。

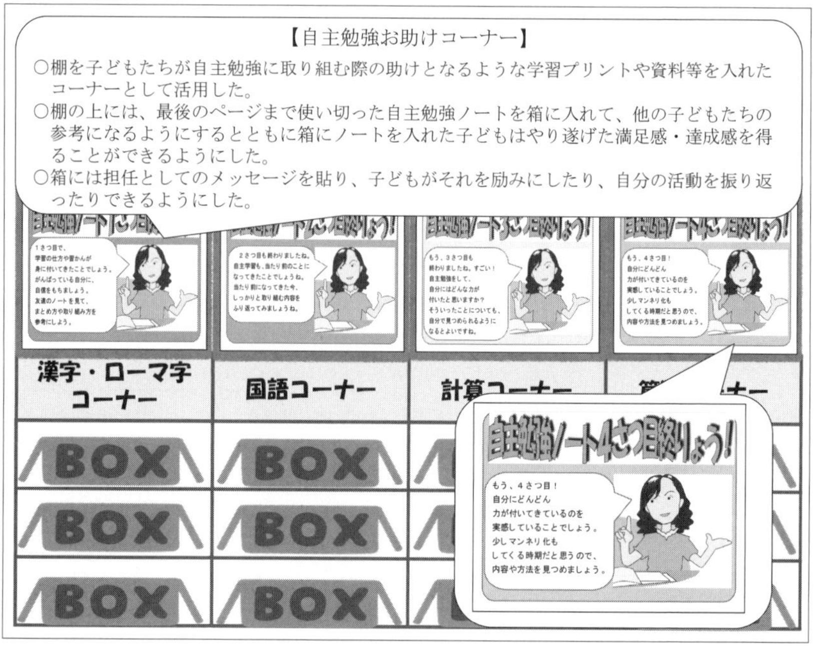


【側面の棚の活用例】

（藤上、2017、71頁の一部を抜粋）

## ②様々な側面の活用例

側面は工夫次第で様々に活用でき、例に挙げたものだけでなく、資料コーナーや学級図書の紹介コーナー等、学年や学級、その時の学習に応じて工夫を凝らせる。掲示スペースが不足した場合は、活用例3のように、プラスチックのボードを掲示板として活用することもできる。2つを組み合わせるとたためて、片付ける際にも便利である。

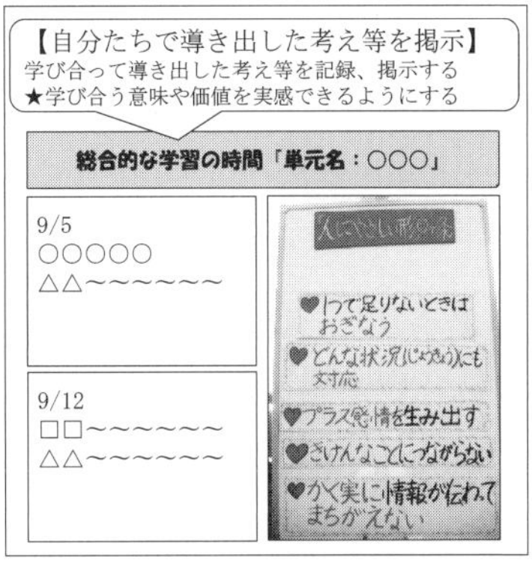


【側面の活用例1】
（藤上、2014、92頁の一部を抜粋）

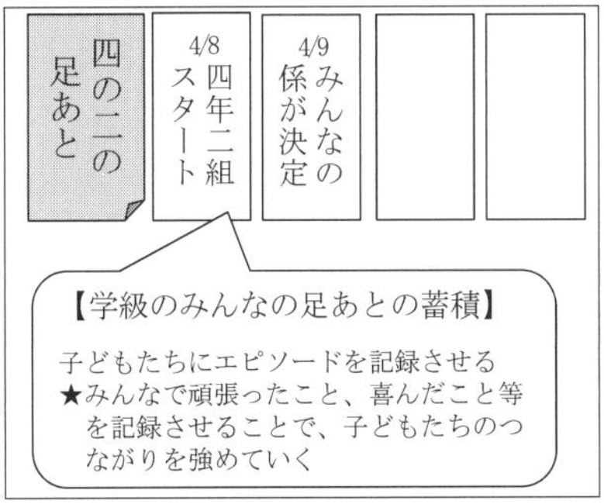


【側面の活用例2】

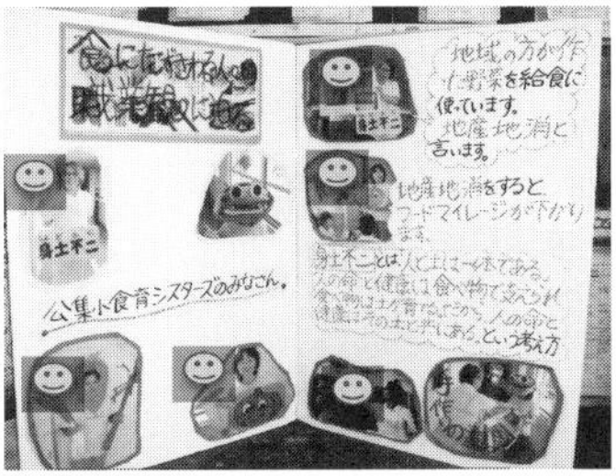


【側面の活用例3】

**【お薦めや参考になる図書】**

・桂聖・川上康則・村田辰明編（2014）「授業のユニバーサルデザインを目指す『安心』『刺激』でつくる学級経営マニュアル」東洋館出版社
・文部科学省国立教育政策研究所教育課程研究センター（2019）「みんなでよりよい学級・学校をつくる特別活動：特別活動指導資料」文溪堂　24－25頁

**【引用・参考文献】**

・藤上真弓（2014）「総合的な学習の時間の授業研究における見える化についての研究」山口大学教育学部附属教育実践総合センター研究紀要第38号　92頁
・藤上真弓（2017）「学び続ける術や意欲を得ていく家庭学習のあり方についての研究」、山口大学教育学部附属教育実践総合センター研究紀要第43号　71頁

（藤上真弓）

# Ⅺ　学級経営と生徒指導提要
# ～多様な背景を持つ児童生徒に着目して～

もし、あなたが“今”担任となり教壇に立つとするならば、どのような学級経営を行うのだろうか。もしくはあなたが現在担任であり、教壇に立っているならば、どのような学級経営を行っているのだろうか。そうした方々が一旦立ち止まり、より良い学級経営やその留意点について考えることは有意義であろう。

近年、学級経営は変化を迫られている。例えば、2022年に改訂された『生徒指導提要』において学校や教職員が児童生徒の多様な背景に応じることは重要視されている（もちろん、これまでも重視されてきたが）。そこでは児童虐待、家庭環境、外国ルーツなどが挙げられ、こうした児童生徒の多様な背景を念頭に置く学級経営が求められている。

本節は、こうした近年の変化を踏まえた学級経営とその留意点を考えるため、2022年12月に改訂された『生徒指導提要』を取りあげる。それは、文部科学省が作成した約300ページにわたる生徒指導に関する学校・教職員向けの基本書である。そこでは「学級・ホームルームづくりが生徒指導の土台」（文部科学省　2022, p.14）と示されている通り、生徒指導を理解することは、学級経営を考えることに結び付くということがこの文言からもわかる。よって、現職だけではなく、将来教職に就く方、教員免許を取得する方が事前にこの趣旨を理解しておくことは大変示唆的であろう。

他方で、その分厚い基本書を一人で読み込むことは至難の業である。そこで次節以降、生徒指導提要の要点を整理しながら、児童生徒の多様な背景をめぐって、学級経営とその留意点について考えてみたい。『生徒指導提要』を脇に置きながら、読み進めていただけると効率的かもしれない。

## 1　生徒指導提要の改訂と児童の権利に関する条約

現在の生徒指導提要は2010年から約12年の歳月を経た2022年12月に改訂されたものである。以下、2010年に発行された生徒指導提要を2010年版生徒指導提要、2022年に改訂された生徒指導提要を2022年版生徒指導提要と呼ぶ。

2010年版と2022年版では生徒指導提要の定義に変更があった。前者では

> （生徒指導）とは、一人一人の児童生徒の人格を尊重し、個性の伸長を図りながら、社会的資質や行動力を高めることを目指して行われる教育活動（文部科学省　2010, p.1）

と記載されていた。これが2022年版生徒指導提要においては以下の通りに変更された。

> 生徒指導とは、児童生徒が、社会の中で自分らしく生きることができる存在へと、自発的・主体的に成長や発達する過程を支える教育活動のことである。なお、生徒指導上の課題に対応するために、必要に応じて指導や援助を行う（文部科学省　2023, p.12）。

両者を比較すると、様々な違いが見えてくるが、本節が特に強調したい点は後者の「児童生徒が自発的・主体的に成長や発達する過程を支える」である。決して、教職員が思い描く児童生徒像に児童生徒を導くことではなく、教職員が児童生徒の自発的・主体的な成長や発達過程を支えることが重要視されているように読み取ることができる。

また、児童の権利に関する条約に関して理解しておくことも重要である。なぜならば児童の権利に関する条約は2022年版生徒指導提要の軸であるためである。2022年版では、1994年に日本が児童の権利に関する条約に批准した児童の権利に関する条約に関する記述がある（前掲pp.32-33）。そこでは、児童の権利に関する条約には4つの原理（差別の禁止、児童の最善の利益、生命・生存・発達に対する権利、意見を表明する権利）が説明され、それについて「安全・安心な学校づくりには、生徒指導の基本中の基本」（前掲, p.33）と記述されている。

2022年版生徒指導提要の定義や、その軸となる児童の権利の4つの原理は、「児童生徒を支えることができる学級経営とは何か」「児童の権利に関する条約

が反映できる学級経営とは何か」などを考える機会を与えてくれる[1]。

## 2　多様な背景を持つ児童生徒

本節は、生徒指導提要を頼りにしながら、多様な背景を持つ児童生徒をめぐり、学級経営とその留意点について考えてみたい。具体的には、「第13章多様な背景を持つ児童生徒への生徒指導」のうち、特に「13.1.1障害者差別解消法と合理的配慮」と「13.4支援を要する家庭状況」を中心に取り上げ、①多職種連携、②合理的配慮の2点を通して、学級経営とその留意点を掘り下げて考える。

### ①児童虐待をめぐる多職種連携

例えば、あなたは家庭での虐待が疑われる小学4年生A（以下、児童A）の学級担任としよう。その児童Aの腕と背中に大きな痣があり、どうやらそれは親の暴力によるものであった。担任であるあなたは、どのような対応を取るのだろうか。この事例をめぐって2点考えてみたい。

おそらく読者の中には、児童Aに対して「詳しく聴き取る」と答える方がいるかもしれない。詳しく聴かないことには「虐待」がどうかの判別がつかない、担任としてできることを探りたいなどがその理由として挙げられるだろう。

しかしながら、専門性を要する虐待に関する聴取には、教員が詳細を聞き取ることに危うさがある。詳しく聴取することが児童生徒につらい記憶を呼び戻させるなどの悪影響を与える可能性があること、児童生徒に影響力のある者による誘導質問と捉えられてしまうことで児童生徒を法的に守れなくなることを招きかねないことが挙げられる[2]。よって、専門性を要する対応には、担任だけではなく関係機関との連携・協働が求められるというわけである。

では、本事例の場合、どの関係機関・者がその専門性を有しているのだろうか。おそらく児童相談所や児童家庭支援センター（自治体の虐待対応課など）、警察などが挙げられるだろう。それらは役割が各々異なるため、連携が欠かせない。この連携について以下の通り、具体的に触れることとする。

『生徒指導提要』には「児童虐待を含む要保護児童や要支援児童及び特定妊婦については、通告などの後に、自治体が要保護児童対策地域協議会（以下「要対協」という。）の対象ケースとすることが通例であり、その支援は要対協を通じた関係機関間の連携の下で行う」（前掲, p.284）とある。この要対協は「代表者会議」「実務者会議」「個別ケース検討会議」の３層の会議で構成されるのが一般的である[(3)]。例えば、香川県高松市は、要保護児童等の早期発見や適切な支援等を図るため「高松市児童対策協議会」を設置しており、年１回開催される構成員代表者による「代表者会議」、実際に活動する実務者から構成される定期的に実施される「実務者会議」、個別の要保護指導等について、担当者や今後関りをもつ可能性がある関係機関等の担当者により実施される「個別ケース検討会議」を開催している[(4)]。

先の事例に戻って考えてみたい。例えば、学校の通告[(5)]を通して、児童Ａが要保護児童となり、個別ケース検討会議が開催されたとしよう。担任であるあなたは、おそらく個別ケース検討会議に参加することとなる。その際、担任がこの要対協に関する知識があることは、児童Ａにとって、どれほど有益なことなのだろうか。なぜならば担任は日常的に児童Ａに関わり、日々の小さな変化を間近で見ている貴重な存在だからである。つまり、担任が児童虐待に伴う他機関連携に関する知識を持ち合わせていることが児童生徒に対する適切な対応に結び付くというわけである。

他方で、それに関する十分な知識が無い場合は、どうだろうか。例えば、個別ケース検討会議のときに、学校以外の関係者にどこまで共有してよいのかわからず、あなたは児童Ａに関する情報を外部である児童相談所の職員（児童福祉司など）に個人情報の観点から共有しなかったとする。しかしながら、実際には個別ケース検討会議において個人情報は安心して共有することができる。つまり、「守秘義務」（児童福祉法25条の5）を知っていれば、安心して共有できるというわけである[(6)]。もしかしたら担任からの情報共有がないことで、児童福祉司は児童Ａに適切な対応ができないかもしれない。それは重大事故に陥る危うささすらある。

これまで学校と関係機関の連携を取りあげてきたが、もちろん学校内での連携も重要である。担任のみで抱えではなく、管理職や学年主任、養護教諭と情報共有をしながら対応することが望ましいだろう。そもそも担任のみでできることも限られている。状況によっては、スクールソーシャルワーカー（以下、SSW）との連携も考えられる。上記と同様にSSWがどのような専門性を持っているのかを事前に把握することも重要かもしれない。自治体によっては、毎週SSWが派遣されていないこともある。そうであるならば、事前に派遣日を把握しておくことで、もしもの時に迅速に対応できるかもしれない。

上記の通り、言うまでもなく児童Aにとって担任の存在はとても大きい一方で、連携する上での留意点が整理された。担任のみが担うのではなく、また管理職、学年主任、養護教諭、SSW、児童福祉司などに「丸投げ」するのではなく、担任として、学校として何ができるのかを事前に考えた多様な背景の生徒に対応できる学級経営が求められる。仮に機能を知らずに連携してしまっては、単なる「丸投げ」になってしまいかねない。連携先の専門性に委ねながらも、「丸投げ」とならないことが重要である。

②合理的配慮

生徒指導提要には「特定の児童生徒に対する合理的配慮を学級集団の中で提供するためには、合理的配慮を特別視せずにお互いを認め合う学級づくりを行うことが重要な基盤になる」（前掲, p.269）とある。つまり、学級経営を考えるためには、この合理的配慮は極めて重要なキーワードであることがわかる。この合理的配慮をめぐって、障害者差別解消法と川島ら（2016）をもとに学校経営とその留意点について考えてみたい。

障害者差別解消法の方針について内閣府は以下の通りに整理する。

> 全ての国民が、障害の有無によって分け隔てられることなく、相互に人格と個性を尊重し合いながら共生する社会を実現するためには、日常生活や社会生活における障害者の活動を制限し、社会への参加を制約している社会的障壁を取り除くことが重要である[7]。

障害者差別解消法では、障害を理由とする「不当な差別的な取り扱い」の禁止と障害者への「合理的配慮」が求められている。この合理的配慮の意味を捉える際には、「社会的障壁の除去」を考えなければならない。生徒指導提要には以下の通りに記載されている。

> 合理的配慮の提供とは、障害者から社会的障壁の除去を必要としている旨の意思の表明があった場合は、その実施に伴う負担が過重でないときは、障害者の権利利益を侵害することとならないよう、社会的障壁の除去の実施について必要かつ合理的な配慮に努めなければならないということです（文部科学省　2023, p.269）

合理的配慮は、社会的障壁を除去する措置のひとつである。この社会的障壁とは、障害者が生活するうえで支障となる外的な要因を意味する。たとえば、車いすを使用する従業員Ａさんの前にある段差、聴覚障害のあるＢさんが駅で運行状況を知りたいときに流れる音声のみの情報、視覚障害のあるＢさんに授業で配布されるインク印刷のみの資料、これらはすべて社会的障壁である（川島ら 2016, p.2）。その社会的障壁を除去する旨の意思があった場合は、その実施に伴う負担が過重でないとき、その実施に努めなければならない。この前者（個別ニーズを満たすという条件）と後者（非過重負担という条件）が社会的障壁を除去する措置が合理的配慮というための条件である（前掲 p.2）。

ところで読者の皆さんは「配慮」をどのような意味として捉えているだろうか。もしかしたら「思いやり」というニュアンスを見出していないだろうか。法制度化された合理的配慮は、不特定多数の障害者を対象に講じられる措置ではなく、個々の障害者の意向が尊重された対話を通じて、機会平等の達成のために提供されるものである。つまり、個人の気持ち次第の「思いやり」ではなく、共生社会にとって不可欠の前提たる機会平等、障害者の意向、両当事者の対話を重視するものであり、また集団（一般）向

けのものではなく個人向けのものなのである（前掲p.6）。日常用語としての「配慮」という言葉には「思いやり」のようなニュアンスが含まれているだけに、注意が必要である。特別支援学校の学校経営に限らず合理的配慮の観点は欠かせない。

## 3　おわりに

本節は生徒指導提要を中心に、多様な背景のある児童生徒をめぐって、学級経営とその留意点について考えてきた。他方で、児童虐待や合理的配慮は各学級経営では収まりきれないとも考えられる。担任のみに過大な負荷をかけることにもなりかねない。そうであるならばより良い学校経営を導き出すためには、学校全体を視野に入れることは不可欠であろう。

その上で、本書を読み進めることで、例えば合意形成、学級規律、保護者対応、いじめをめぐる対応などを学ぶことを通して、より具体的・組織的な視点から学級経営を考えてもらいたい。また、改めて『生徒指導提要』や本節の引用・参考文献を読み進めてもらえると、学級経営とその留意点がより見えてくるだろう。

註（1）例えば、4つの原則を念頭とした学級経営とはどのようなものかを検討することをおすすめしたい。その際、公益財団法人日本ユニセフ協会のウェブサイト（https://www.unicef.or.jp/crc/）が参考になる。

註（2）詳しくは、生徒指導提要の「聴取に関する留意点」（p.181）を一読願いたい。

註（3）要保護児童の早期発見や適切な保護を図るため、支援に関する方法や体制等の検討、活動状況の報告・評価等に関する協議を行う

註（4）高松市児童対策協議会の役割については以下のウェブサイトが詳しい。https://www.city.takamatsu.kagawa.jp/smph/kurashi/shinotorikumi/keikaku/sonota/jido_taisaku.html

註（5）虐待が疑われる場合、学校には通告の義務がある。他方で伊藤（2023）は、虐待の通告義務の「速やかに」について危うさを指摘する。なぜならば虐待の通告は、保護者の不安やそれによる孤立をさらに深めていくことになるかもしれないためである。上野が指摘する通り、「親が、通告のリスクを気にせずに子育ての相談をできる場所は、もはや存在しないのである」（上野2022, p.126）とも考えられる。

註（6）地域協議会における要保護児童等に関する情報の共有は、要保護児童の適切な保

護を図るためのものであり、地域協議会の構成員及び構成員であった者は、正当な理由がなく、地域協議会の職務に関して知り得た秘密を漏らしてはならない（児福法第25条の5）。

註（7）「障害を理由とする差別の解消の推進に関する基本方針」（内閣府ウェブサイト）に詳細が記載されている。

https://www8.cao.go.jp/shougai/suishin/sabekai/kihonhoushin/honbun.html

**【引用・参考文献】**


・伊藤秀樹（2023）「生徒指導の新潮流［第5回］「虐待＝速やかに通告」の先にあるもの」，『教育実践ライブラリ』Vol.5

・川島聡・飯野由里子・西倉実季・星加良司（2016）『合理的配慮　対話を開く　対話が拓く』有斐閣

・上野加代子（2022）『虐待リスク　構築される子育て標準家族』生活書院

・文部科学省（2010）『生徒指導提要（平成22年3月）』教育図書

・文部科学省（2023）『生徒指導提要（令和4年12月）』東洋館出版社


（柊澤利也）

## コラム２　話を聞く

（池西郁広）

# 第2章

## 学級における子どもたち

# Ⅰ　教室の仲良しグループ（インフォーマルグループ）

## 1　フォーマルグループとインフォーマルグループ

小学校高学年ごろから子どもたちは教室のなかで、いわゆる「仲良しグループ」を活発につくるようになる。もともと、学級という集団は、子どもたちの教育のために意図的、人為的につくられた集団であるが、その公的な集団のなかに、「仲良しグループ」という非公式の小集団（インフォーマルグループ）が自然発生的に現れてくる。

「仲良しグループ」（インフォーマルグループ）は、ウマが合うとか合わないといった相性、好き嫌いの感情によって結ばれたグループである。教室のなかにどのような「仲良しクループ」ができているかは、子どもたちが休み時間にどういう仲間と一緒に遊ぶのか、教室移動の際に誰と連れ立つのかなどを観察すると、おおよそのことは分かる。かつては、教室のなかの好き嫌いの関係（互いに引き合う関係と反発し合う関係）を量的に測定する心理テスト（ソシオメトリック・テスト）を実施して、学級の友人関係を理解する方法が流行ったが、今では、このような心理テストの活用は、子どもたちの人権への配慮もあって行われなくなった。

「仲良しグループ」（インフォーマルグループ）の形成に関して、男子と女子に少し違いが認められる。男子も「仲良しグループ」をつくるが、女子のそれと比べて流動的で、グループ間の境界も曖昧である。男子は、何かをするのにメンツが足りないなら、それほど仲良くなくても誘い合うことがある。それに対して、女子の仲良し関係は、固定的、閉鎖的になりがちである。ある仲良しグループと別の仲良しグループの境界がはっきりしている。

女子の場合、仲良しの友達がいることで教室に居場所を確保できているようなところがある。女子の学級生活において、「仲良しグループ」という居場所は大事なのだが、ただし、そのグループの固定性、閉鎖性が強まると、それは大変「重い関係」となって、後で述べるような、いろいろと厄介でつらい問題が起きることになる。

さて、インフォーマルグループ（非公式集団）と言うからには、フォーマルグループ（公式集団）もある。フォーマルグループというのは、何らかの目的、活動のために、人為的につくられた集団である。そもそも学級という集団が、そのようなフォーマルグループであった。さらに、学級集団という大きなフォーマルグループのなかには、班や係、日直、○○委員会といった小さなフォーマルグループが幾つもつくられる。こういった小集団は、仕事をするために人為的につくられた集団である。別に好きであろうが、嫌いであろうが、同じ目的の活動に従事するために、とりあえずつくられた集団である。もちろん、このようにもとは仕事のためにつくられた集団であっても、同じ目的の活動に一緒に取り組むことで、やがてお互いに理解し合い、メンバーの間に絆が結ばれることになる。

学級という集団は、それ自体が子どもたちの教育のためにつくられた大きなフォーマルグループであり、そのなかに学級生活の様々な仕事を分担する小さなフォーマルグループが組織され、さらに同時に、好き嫌いの感情で結ばれたインフォーマルグループが自然発生的に現れてくるという多重の構造をもった集団である。

## 2　大人のスタンスと「成長の見通し」

ところで、ちょうど食べ物の好き嫌いがあるように、人間関係に好き嫌いがあることを私たちは認めないわけにはいかない。しかし、食べ物の好き嫌いの度が過ぎると、栄養バランスが崩れるという健康上の問題が生じる。だから、好き嫌いを認めつつも、なるべく偏食しないでほしいという願いをもっている。しかも私たちは、多くの好き嫌いが、一部のアレルギーの問題を除けば、「思い込み」「決めつけ」に根差していることを知っている。このような大人のスタンスは、人間関係の好き嫌いに伴う問題を扱う際にも、基本的には変わらないものである。

現在、様々な分野で活躍されている大人の女性が、小学校高学年から中学校にかけての「仲良しグループ体験」を振り返って、次のように語っている。

**「仲良しグループの仲間からどう思われるか、気にしすぎていた。」**
**「実は、私は群れるのが好きでなかった。」**

**「グループの中で最も影響力のある女王の顔色ばかりうかがって、自分は何がしたいのか分からなくなっていた。」**
**「あれは、＜女の道場＞だった。私たちの社交性は、あの道場で鍛えられた。でも、私はもう、あそこを卒業した。いい大人になっても卒業できない人は、世間が狭い。」**
**「いつまでも群れている人、小さなグループに固まる人は、世界が狭いと思う。」**

こういう話を聞くと、なるほどなと思う。活躍されている女性の話だけに、説得力がある。どうやら「仲良しグループ」は、卒業すべきもの、その重みが軽くなっていくものであるようだ。担任教師が、こういう「成長の見通し」をもって子どもたちの友達関係を見守ってやることは大切なことである。

## 3　学級の雰囲気づくりとインフォーマルグループ

教室の交友関係が幾つかのグループに分断され、いつも同じ仲間と「群れて」ばかりだと、学級担任としては「仲良しグループをつくるな」とつい言いたくなる。しかし、それを言ってみても仕方がない。子どもたちは、仲良しの友達がいるから、仲良しグループのなかに居場所があるから、学校（学級）生活が楽しいのだろう。ただし、その関係があまりにも固定的で、閉鎖的なものになるときは、決まって何かしら、学級全体の人間関係、雰囲気が悪い方向に向かっているときなのである。

実は、学級の人間関係、雰囲気の善し悪しと、仲良しグループの固定性、閉鎖性の強弱の間には、はっきりとした相関がある。

教室が「そこにいて、安心できる場所」であり、かつ「そこにいて、成長できる場所」になっておれば、言い換えれば、教室に「仲間と助け合う空気」と「仲間と高め合う空気」が流れておれば、仲良しグループの固定性、閉鎖性は弱くなる。グループとグループの間を隔てる心理的な壁が低く（薄く）なり、学級のだれとでも、「こっちのグループか」「あっちのグループか」にはあまり拘らず、一緒に活動できるようになるのである。男女間の協力も比較的容易にできるようになる。

では、逆の場合はどうか。教室が「安心できない場所」「成長できない場所」になってしまうと、教室の雰囲気は「すさむ」ことになる。教室の雰囲気がすさんで、「防衛的」な風土になると、教室の子どもたちは、グループで固まることで自分を守ろうとする。だが悲しいかな、排除や攻撃の力を借りて、その力の反動で固まろうとするので、どこにいても本当の安心感は与えられない。当然のことながら、学級としての「まとまり」もない。男女の仲もよくない。閉鎖的なグループで固まることで、教室にますます「防衛的」な空気がみなぎるのである。

もともと「仲良しグループ」には、閉じて固まろうとする自然な傾向があるので、それをどれだけ「開かれた関係」にできるか、言ってみれば、教室のなかでグループ間の境界があまり目立たなくなるようにすることが、学級担任による学級づくり（学級の雰囲気づくり）の成否を見極める、一つのバロメーターになると言っても間違いではない。

### 4　学級担任として、何ができるのか

では、インフォーマルグループの開放性を高め、グループ間の流動性を促すために、学級担任として、何ができるのか。それを考える際のポイントは、「急がば回れ」である。グループの人間関係への「直接介入」ではなく、学級全体への「間接的な働きかけ」を、まずは心がけたい。と言っても、何も特別なことをするのではない。日本の担任教師にとっては当り前のことを、当り前にできていればよいのである。

一つには、学級生活に必要な仕事を分担する仕組みをつくり、共通の目的の活動に従事するフォーマルな小集団を組織し、これをしっかり機能させることである。インフォーマルな集団の上に、複数のフォーマル集団を重ねるのである。人間関係の好き嫌いで結びついた集団の上に、「しごと優位」の集団を幾重にもかぶせるのである。生活班や係、日直、○○委員会などのフォーマルな小集団で一緒に活動することで、これまであまり親しくなかった仲間との関係を見直すことができる。それが、人間関係に関する「思い込み」や「決めつけ」を脱するきっかけとなる。インフォーマルグループのなかで一時的に居場所を失った子どもにとっては、複数のフォーマルグループのなかで一緒に活動できたことが、救いの「セーフティーネット」として機能することがある。

学級の仕事を分担するための仕組みをつくり、しごと優位のフォーマル集団をしっかり機能させることが、仲良しグループの固定性・閉鎖性を打ち破ることになるのである。

二つ目に、学校行事を学級集団づくりに活かしたい。とくに、合唱コンクールや運動会の大縄跳びのような学級対抗の形をとる行事に、学級全体で取り組みたい。行事で成果を上げるためには、学級の皆で準備し、練習しなければならない。当日までには、様々な試練があり、学級のドラマがある。困難を乗り越えて、学級の仲間と一緒に何かを成し遂げるという経験をさせ、学級としての「まとまり」「一体感」を感じさせるなかで、閉鎖的なグループとグループの壁を少しでも取り除いてやりたい。

三つ目は、「学級目標づくり」の実践を大切にしたい。学級目標は、学級がスタートしてまもない時期に、担任教師と子どもたちの全員参加のもとでつくる。たいていの学級目標には、「仲間との助け合い」「協力」の系列に属する価値か、「仲間との高め合い」「努力」の系列に属する価値かのいずれか、または両方が、どんなに短いキャッチコピーであっても、そのなかに必ず盛り込まれるようになっている。とくに前者の価値系列に属する言葉を含まないような学級目標は、まずない。新しい学級では、仲間と助け合いながら安心して生活したいというのが、どの子どもにとっても最初の切実な願いだからである。しかも、学級目標は、つくって終わりではない。これは学級の集団規範を貫く精神（スピリッツ）であり、担任教師と子どもたちは、この根本精神に則って1年間の学級生活を過ごすことになる。思いやりのない言動、身勝手な言動に対しては、学級の根本精神を想起させながら、子どもたちの生き方に迫る指導ができる。根本精神から波及するように、「仲間思いの人間関係」をつくり、学級の集団規範意識を高めること。それが、閉鎖的なグループ形成に伴って生じる問題に対する、根本的な予防策となる。

## 5　インフォーマルグループといじめ

閉鎖的なグループ形成の進行とともに、グループ内であるいはグループ間で、ときに軽微な、ときに重大ないじめが起こる。学級のすさみ、防衛的な学級風土は、閉鎖的なグループ形成の「培地」であったが、それは同時にいじめの「培地」でもある。だから、先に述べた学級全体への「間接的な働きかけ」は、グループ間の風通しをよくするとともに、結果的にはいじめ予防につながる取組みでもある。

グループ形成に伴って、グループ内およびグループ間で軽微なトラブルは必ず起こるものである。それを経験しながら、子どもたちは「人間関係の築き方」を学んでいる。小学校高学年以上になると、大人である担任教師は、子どもの世界の自立性を尊重しつつ、一人一人の成長する力を信じて、インフォーマルの仲間関係への「直接介入」をできるだけ手控えるようになる。基本的には、そのスタンスでよい。とくに女子の仲間関係への下手な「直接介入」は、あとに遺恨を残すことになるだけである。しかし、担任教師は何もしていないわけではない。子どもたちの仲間関係を注意深く見守りながら、学級全体への「間接的な働きかけ」の手は、決して緩めないのである、

例えば、担任教師は、仕事上の役割を通して仲間と交流できるように、学級のなかに複数のフォーマル集団を組織する。その際、仲間と人間関係を築くことを苦手としている子ども、孤立しがちな子どもが、どのような小集団に入り、どのような役割を振り当てられることになるのか、そこに絶えず目を配りながら、フォーマルな小集団を編成し、仕事の役割分担を決めているはずである。また、学級の規律に係わる指導においては、学級目標に盛られた、学級の根本精神ーそのなかには学級の雰囲気に直結する「仲間思いであれ」の規範も入っているーが、自ずと他に波及するようなメリハリのある指導を行っているはずである。こうした学級の望ましい人間関係と規律の確立に向けた、学級全体に対する取組みを何よりも大切にしたい。

もちろん、グループ形成に伴う問題を、学級担任が「いじめ」として定義して、子どもの人間関係に直接介入しなければならないときもある。孤立しがちな子どもがターゲットになり、しかもエスカレーションを起こしているようなときである。この場合、学級で起こったことについての解釈を、教師と子どもたちが共有できなければ、担任教師による介入の効果はあがらない。

なお、中学校の男子によくある非行グループによる激しい暴力等を伴う「いじめ」は、もはやいじめの範疇を超えた恐喝や傷害事件として捉え、学級担任だけに任せず、学年団や学校全体でこれに対応すべきである。　(毛利猛)

## Ⅱ　学級におけるいじめの構造と特徴

### 1　いじめの定義の理解と適切な運用に向けて

今日、日本の学校現場においていじめ問題と向き合い、適切な予防・対応に向けた取組を行う際には、以下に示す「いじめ防止対策推進法」（平成25年法律第71号）第2条に規定された定義に基づいていなければならない。

> **いじめ防止対策推進法第2条：定義**
>
> この法律において「いじめ」とは、児童等に対して、当該児童等が在籍する学校に在籍している等当該児童等と一定の人的関係にある他の児童等が行う心理的又は物理的な影響を与える行為（インターネットを通じて行われるものを含む。）であって、当該行為の対象となった児童等が心身の苦痛を感じているものをいう

本定義では、文部科学省が平成17年度まで用いていた従来の定義のなかでいじめの構成要素として挙げていた「（被害者加害者間の）力の優劣差」、「行為の継続性／反復性」、「被害の深刻さ」を示す文言はすべて削除され、代わりに「一定の人的関係にある他の児童等」という、いじめを既存の人間関係の中で起こる「関係内攻撃」であることを示す文言が付されている。さらに、平成18年度以降の定義において「心理的・物理的な攻撃」とされていた文言は「心理的または物理的な影響を与える行為（インターネットを通じて行われるものも含む）」へと、また「精神的な苦痛」は「心身の苦痛」へとそれぞれ表現が改められた。これにより、従来の定義ではいじめと判断され難かった行為まで含めたより広範な行為が「いじめ」と認知すべき対象となった。この結果、学校現場からは、より多くの事案への対応を求められることによる多忙感に加え、教職員間、さらには保護者や地域住民など関係者間における定義の解釈や運用に関わる共通理解の困難さを指摘する声も少なくない。しかしながら、本定義が、一般に「いじめ」と認知されないような些細な行為であっても、見過ごされ、被害が継続すれば、時に自殺等の重大な事態にまで深刻化してしまうことがあるという事実を踏まえ、そうした重大事態に陥る前の、ごく初期の段階で事態を認知し、適切に対応することの重要性を示したものであることを理解しなければならな

い（文部科学省，2016）。

## 2　いじめの四層構造論と深刻化のプロセス

### (1)　いじめの四層構造論

いじめが既存の人間関係に基づいて行われる「関係内攻撃」であることは、先述した通りである。森田と清永（1994）は、このいじめを取り巻く人的関係性について、いじめを集団構造の観点から捉え、いじめられている子（被害者）を中心に、その周囲にいじめている子どもたち（加害者）、さらにその周囲にはいじめを見て楽しんでいる子どもたち（観衆）、そしてさらにその外側にいじめに関わるのを避け、見て見ぬ振りをしている子どもたち（傍観者）がいるという「いじめの四層構造論」を提唱している（図1）。

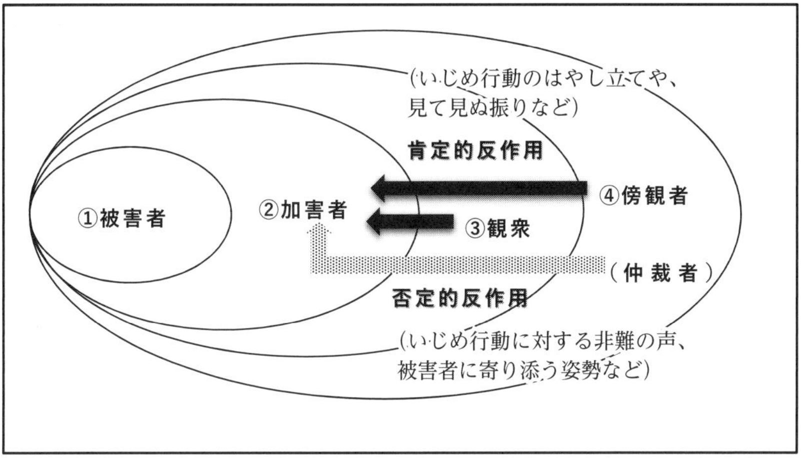


【図1．いじめの四層構造論（森田・清永，1994を参考に作成）】

森田らは、私たちが行う種々の社会行動について、それが望ましい行動であれば、その行いを是認し、称賛するという肯定的な反作用が、また望ましくない行動であれば、それを否認し、抑止しようとする否定的な反作用が周囲の者たちから示されることによって社会集団の秩序が保たれると説明している。いじめ場面において、この反作用を示す担い手となる者は、いじめの被害者や加害者を取り巻く周囲の子どもたち、すなわち観衆層や傍観者層の子どもたちである。いじめ行為は一般に望ましくない行動であることから、本来なら彼ら周囲の子どもたちから、加害者のいじめ行為を非難し、被害者を救済しようとする働きかけが示されなければならない。ところが、いじめ行為に対する適切な反作用力が衰えた学級集団では、観衆は加害者たちに同調し、いじめを盛り上げることで積極的な支持を、また傍観者たちは見て見ぬ振りをし、非難の声を挙げないことで暗黙的な支持を表明してしまっているという（図1に示したとおり）。このような学級では、加害側の子どもたちは自分たちの行動が学級の皆に承認されていると受け止め、いじめ行為をますます深刻化させていく危険性すらある。これは学級集団がいじめを肯定する方向でまとまっていくプロセスとも捉えられよう（金綱・戸田, 2020）。

一方この四層構造の中で、加害側の子どもたちに対して、勇気を出して「いじめはダメ」というメッセージを発信したり、標的とされた被害側の子どもに寄り添い、励ましたり慰めたりするなど、いじめ行為に対して否定的な反作用を示す子どもが現れる場合がある。森田ら（1994）は、こうした役割を担う子どもたちを「仲裁者」と呼んでいる。この仲裁者の示すいじめに対する否定的な態度が周囲の子どもたちへの強いメッセージとして伝わり、周囲の子どもたちが仲裁者に同調すれば、学級内にいじめに対する否定的な規範が形成され、いじめが起こりにくい、あるいは起こっても深刻化しにくい学級になると考えられる。傍観者をいかにして仲裁者へと変貌させていくかがいじめの予防・対応の最大の鍵なのである。

### (2)　いじめの深刻化のプロセス

中井（1997）は、自身の幼少期のいじめられ経験をもとに、いじめの被害が深刻化するプロセスを1. 孤立化、2. 無力化、3. 透明化の3段階で描いている。学級内のいじめは、いじめの標的とする子に対して何らかのレッテルを貼ることから始まるという。そして周囲の子どもたちに対して、その子がいかにいじめられるに値するかをアピールするPR作戦が行われる。これにより、周囲の子どもたちは、加害者の積極的支持者である観衆、あるいは見て見ぬ振りの傍観者へと自らの立ち位置を決めることになる。学級内の大多数が加害者の側に立つことで、被害者は孤立化させられるとともに、周囲の子どもたちも加害者のアピールに乗ることで加害側に立つことの罪悪感を軽減させるのである。標的とする子を孤立化させたら、いよいよ、その子に対して継続的かつ集中的に、時に暴力を伴う強い攻撃を加え始める。これにより被害者となった子に逃げ場がないこと、反抗しても無駄であることを知らしめ、徐々に無力化していくのである。無力化が完成すれば、後は、暴力を使うという脅しだけでも、被害者を屈服させることができるようになる。そして、最後には、被害者自身が自ら「いじめの標的」という役割に甘んじざるをえない状況を作り出す。傍観者となった子どもたちも巧みに利用しながら、いじめ自体を周囲の目から遠ざけ、特に教員の目に見えないようにしていくのである（透明化）。

戸田ら（2008）は、いじめの深刻化のプロセスを加害側の集団化と、被害側の無力化という観点から検討した「いじめのプロセスモデル」を提唱している（図2）。学級のようなある程度固定化された集団のなかでのいじめは、初期の段階においては、いわゆる「いじめの芽」とよばれるごく些細な行為が、被害者と加害者が入れ替わりながら、あちらこちらで見られる状態であるという。ところが、時間の経過とともに、特定の子がいじめの標的として固定化され、その子に対してより深刻な行為が高頻度で集中的に行われるようになるのである。

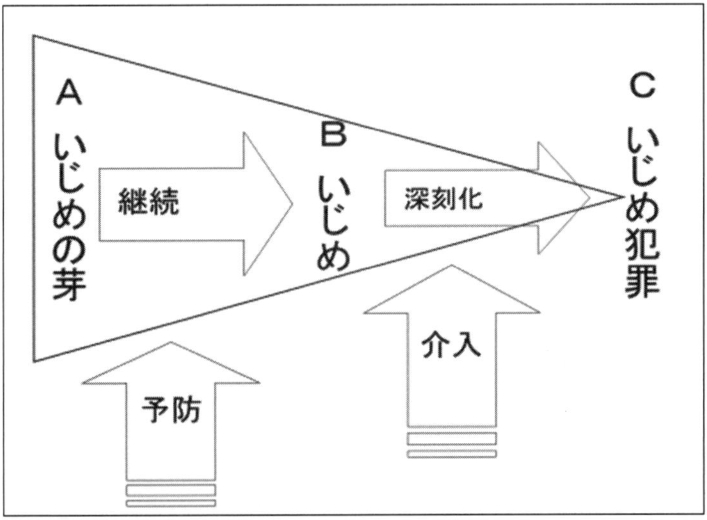


【図2. いじめのプロセスモデル（戸田ら, 2008）】

この時、同時に周囲の子どもたちが観衆や傍観者となって加害者を積極的あるいは暗黙的に支持することで、標的とされた子はいっそう周囲に助けを求めることが難しくなり、孤立化、無力化されていくことになるのだ。先に紹介した中井によるいじめ深刻化の3段階プロセスとも合致したモデルである。

戸田らは、この加害側の集団化と被害側の無力化が一定程度進んだ状態を「いじめ」と呼び、まだその段階には至らない初期の段階のものを「いじめの芽」として区別することを提案し、「いじめの芽」が「いじめ」へと進展する前に介入することがいじめの予防において重要であると訴えている。また、「いじめの芽」が「いじめ」へと進展し、さらに深刻化が進むと、恐喝や傷害などの犯罪行為（戸田らは「いじめ犯罪」とよんでいる）にまで至ってしまう可能性すらあるという。そうしないためには、早期の適切な介入・対応が不可欠なのである。

## 3　傍観者を仲裁者に変える学級づくりに向けて

「いじめは絶対に許されない」、「いじめは卑怯な行為である」（文部科学省, 2017：p.2）といった命令的規範は、大人だけでなく、実は多くの子どもたちの間でも共有されている。それにも関わらずいじめ行為を行ってしまう一部の子どもについて、スミス（Smith, 2014）は、自らの欲求の充足や目標の達成など、様々な報酬の獲得のために加害側の子どもたちは実に適応的に行動していると指摘している。いじめ行為によって加害側の子どもが得る報酬とは、例えば、相手から得る金品（物理的報酬）、周囲の子どもたちへの支配力や学級内での地位の向上（社会的報酬）、あるいは自尊心や有能感の向上（心理的報酬）などが考えられる。

一方、シャスター（Schuster, 1999）は、スケープゴート理論を用いて、学級内でいじめが起こった際に、周囲の子どもたちの多くが命令的規範に基づく仲裁者ではなく、傍観者となってしまう理由について、自身が標的となってしまうことへの恐怖心や不安感があると説明している。学級集団において、特定の子どもが合理的な理由なく「いじめられっ子」というレッテルを貼られ、一時的

あるいは継続的に、学級内のあらゆる敵意の対象とされること（スケープゴート化）により、他の子どもたちは、自分が被害者にならないでいられるという安心感を得るのだ。

すなわち、学級内でいじめを起こさせないためには、いじめ行為自体を、先述したような報酬を得るための有効な手段にしないことが重要である。さらに、誰かがいじめの標的とされたときには、周囲の子どもたちが、自身が次の標的にされてしまうかもしれないという恐怖心や不安感を抱くことなく、標的とされた子に寄り添い、加害側の子たちに反対の意思を示せる学級風土づくりが不可欠なのである。

「いじめの芽」を「いじめ」にしないための適切な予防、そして「いじめ」を「いじめ犯罪」へと深刻化させないための適切な対応策の具体については、次節を参照されたい。

**【引用・参考文献】**


・いじめ防止対策推進法（平成25年法律第71号）第2条：2.

・金綱知征・戸田有一（2020）.「いじめ・ネットいじめ」『生徒指導のリスクマネジメント』森田洋司・山下一夫（監修），阪根健二（編集），学事出版.

・戸田有一・ダグマー ストロマイヤ・クリスチアーナ スピール（2008）. 人をおいつめるいじめ：集団化と無力化のプロセス. 谷口弘一・加藤司（編）『対人関係のダークサイド』（117-131），北大路書房.

・中井久夫（1997）. アリアドネからの糸，みすず書房.

・森田洋司・清永賢二（1994）. いじめ－教室の病－，金子書房.

・文部科学省（2016）. いじめの正確な認知に向けた教職員間での共通理解の形成及び新年度に向けた取組について（通知）別添資料「いじめの認知について」.

・文部科学省（2017）. いじめ防止等のための基本的な方針（最終改訂平成29年3月14日）.

・Schuster, B. (1999). Outsiders at school: the prevalence of bullying and its relation with social status, *Group Processes & Intergroup Relations*, 2:175-190.

・Smith, P.K.(2014). *Understanding School Bullying: Its Nature & Prevention Strategies*, SAGE Publication Ltd.


（金綱知征）

# Ⅲ　いじめ・ネットいじめの予防と対応

## 1　いじめ防止対策推進法といじめの防止等のための基本的な方針

前節でも述べたとおり、今日の学校現場においていじめ問題と向き合い、適切な予防・対応に向けた取組を行う際には、社会全体でいじめ問題に向き合い、対処していくための基本的な理念と体制を定めた「いじめ防止対策推進法（平成25年法律第71号）（以下、法）」及び本法に基づいて制定された「いじめの防止等のための基本的な方針（以下、方針）」（文部科学省，2017a）がその基本となる。本方針に基づいて、すべての教職員は、いじめを「（被害）児童生徒の教育を受ける権利を著しく侵害し、その心身の健全な成長及び人格の形成に重大な影響を与えるのみならず、その生命または重大な危険を生じさせる恐れがあるもの」（p.1）との認識を共にしなければならない。そしてその予防と対応にあたっては、「いじめは絶対に許されない」「いじめは卑劣な行為である」「いじめはどの子どもにも、どの学校にも、起こりうる」との基本認識のもと、「一人一人がそれぞれの役割と責任を自覚して取り組まなければならない」（p.2）。

本法では、学校や地域がいじめ防止等のための対策に関する基本的な方針を定め（第12・13条）、いじめの防止に資する道徳教育や体験活動等の充実を図る（第15条）とともに、学校がいじめの早期発見のための相談・通報の窓口となり（第16条）、いじめ問題への対応が「計画的」「組織的」に実行されること（第22・23条）と定めている。

## 2　いじめの積極的認知と組織的対応に向けて

### （1）　いじめの積極的認知に向けて

法及び方針において、いじめ防止に資する最も重要な施策の一つが、「いじめの芽」と呼ばれるごく初期の段階での積極的認知である。令和4年度児童生徒の問題行動・不登校等生徒指導上の諸課題に関する調査によれば、いじめを認知した学校は、小学校で90.1％、中学校で85.1％、高等学校で57.2％、特別支援学校で42.1％であった（文部科学省，2023）。この結果に基づけば、1～5割の学校においては、いじめが1件も認知されなかったともいえる。いじめが1件も認知されなかったということが、いじめが1件も起こらなかったということであれば、それは喜ばしいことであろう。しかしながら、前節に示した法に基づくいじめの定義を適切に運用すれば、いじめ（の芽）が1件も認知されないという状況は考えにくい。総務省（2018）による「いじめ防止対策の推進に関する調査」では、児童生徒の自死等の重大事態66事案のうち、いじめの認知の判断が法のいじめの定義とは異なる、従来の「一方向性」「継続性」「集団性」等の要素を用いた限定的な解釈に基づいて行われてしまった結果、いじめとして認知されなかったケースが37事案（56%）に上ったことが報告されている。いじめ防止の最も重要な第一歩がいじめの認知であること、そしてそれは法に基づくいじめの定義に基づいてなされなければならないことを学校関係者一同が共通認識・共通理解するための努力を継続していかなければならない（金綱・戸田, 2020）。

### (2)　いじめの組織的対応に向けて

法に基づくいじめの定義の共通理解と早期段階における積極的認知はいじめ防止に向けた重要な一歩であるが、同時にいじめ対応の入り口でもある。法の定義に基づいて認知されたいじめ事案は、法第22条によって設置が義務付けられている校内のいじめ対策組織に対して、法第23条に基づき速やかに報告され、情報が組織的に共有されなければならない。

方針は、学校いじめ対策組織について、いじめの疑いに関する情報の収集と共有、事実関係の把握、いじめであるか否かの判断、そして共有された情報を基にした組織的対応等、校内のいじめ防止に係る中核的役割を担う組織であると説明している。学校いじめ対策組織がその役割を的確に担うためには、教員一人一人が児童生徒の些細な兆候や懸念、報告や訴えを、抱え込まずに、あるいは対応不要と個人で判断することなく、直ちに全ての情報の報告を徹底することが重要である（文部科学省, 2017a）。

**いじめ防止対策推進法第22条：学校におけるいじめの防止等の対策のための組織**

学校は、当該学校におけるいじめ防止等に関する措置を実行的に行うため、当該学校の複数の教職員、心理、福祉等に関する専門的な知識を有するものその他の関係者により構成されるいじめの防止等の対策のための組織を置くものとする。

**いじめ防止対策推進法第23条：いじめに対する措置**

1. 学校の教職員、地方公共団体の職員その他の児童等からの相談に応じる者及び児童等の保護者は、児童等からいじめに係る相談を受けた場合において、いじめの事実があると思われるときは、いじめを受けたと思われる児童等が在籍する学校への通報その他の適切な措置をとるものとする。
2. 学校は、前項の規定による通報を浮けたときその他当該学校に在籍する児童等がいじめを受けていると思われるときは、速やかに、当該児童等に係るいじめの事実の有無の確認を行うための措置を講ずるとともに、その結果を当該学校の設置者に報告するものとする。

## 3　児童生徒主導によるいじめ予防・対応実践

近年、いじめ問題の予防・対応の実践において、児童生徒がいじめ防止に資する活動に主体的に関わっていく「子ども主導」の実践が注目されている。2007年に大阪府寝屋川市で始まった寝屋川市中学生サミットはその先駆けであり、現在では同様の実践が西日本を中心に20箇所以上で行われている（宮川・竹内・青山・戸田, 2013；渡辺, 2009）。これら実践の特徴は、ピア・サポートの考え方に基づいた「子ども中心」の活動であり、学校や教育委員会など大人はあくまでも後援という形でその活動を支える点にある。子ども主導の実践は、仲間と共に自分たちの手で作り上げていく実践であるため、大人が主導する活動に対して否定的な態度を示す児童生徒であっても、前向きに捉えやすく、参加意欲が高まりやすい利点がある（金綱ら, 2020）。子ども主導の実践への主体的な参加が児童生徒のいじめ防止の意識に肯定的な効果をもたらすことは、Miyakeら（2018）や金綱（2019）によって報告されている。

他方、どのような実践であってもすべての児童生徒が主体的に取り組むとは限らず、実践への参加の有無によっていじめ問題に対する意識に大きな差が生じてしまうこともある。サミットやフォーラムへの参加を通じて得たいじめ防止に向けた意識や実践への工夫について、参加していない子どもたちを含めた学校全体にどう波及・浸透させていくかは課題である。子ども主導の実践を継続させるためには、教員が児童生徒の意識の差を敏感に感じ取り、意欲ある児童生徒のやる気が削がれてしまわないように、意識の低い子どもたちへの働きかけも重要である（金綱ら, 2020）。

## 4　ネットいじめやネットトラブルの予防と対応に向けて

スマホなど情報通信機器の急速な発展と普及に伴って、児童生徒が直面するインターネット（以下、ネット）上の危機はますます多様化・複雑化している。学校は、児童生徒への適切なリスクの伝達と、予防・再発防止のための指導と教育が求められているが、児童生徒の利用実態や抱える問題も、そうした実態や問題に対する教員の意識や予防・対応のあり方も学校によって様々である。児童生徒をネットいじめをはじめとするネット上の種々の危機から守るための基本は、①問題の種類や深刻度を含めた児童生徒の利用実態の把握、②実態に応じた学校内外における予防・対応策の検討、そして③実態と対応の適切なマッチングと効果的な実践に向けた教員間の問題意識の共有である。例えば、すでに子どもの使用実態が深刻な問題を抱える「リスク接触状況」（SNS上での他の生徒への誹謗中傷や個人情報の拡散など）にまで進行してしまっている状況において、ごく初期の段階の対応（学校へのスマホ等の持ち込み禁止や使用の制限など）にとどまってしまっては、問題の解決は難しい。児童生徒の使用実態についてできるだけ正確に把握し、所持、使用、リスク接近、リスク接触など、異なる水準の実態に応じた対応・対策を講じていくことが重要なのである（金綱ら, 2020）。

しかしながら、児童生徒一人一人のネット利用の実態の把握は個人のプライバシーに関わる問題でもあり、保護者でも容易ではない。そこで、児童生徒自身がいじめやネットいじめの防止に資する活動に主体的に関わっていくという、先述した子ども主導による実践がここでも力を発揮する。デジタル世代と呼ばれ、大人以上にスマホやネットに精通した児童生徒たちが、自ら何が安全で何が危険かを考え、議論し、またそれを周囲の子どもたちと共有することで、より自律的かつ自制的な利用が期待できる。大人からの指示・命令による抑止ではなく、世代内での抑止力向上を目指すのである（金綱ら, 2020）。

ネットいじめ及びネット問題の防止におけるもう一つの重要な課題は、適切な情報モラル教育である。「学習指導要領解説総則編」において、情報モラルは「情報社会で適正な活動を行うための基になる考え方と態度」と定義され、「教科等の枠を超えた全ての学習の基盤となる資質・能力」の一つとして位置付けられている（文部科学省, 2017b：85）。情報モラルの具体的内容は、「情報社会の倫理」「法の理解と遵守」「情報の安全な利用と危機回避」「情報セキュリティ」「情報機器の使用と健康との関わり」など多岐に渡るが、児童生徒間のネットいじめやネット上の対人トラブルに特に深く関わるのは、いわゆる道徳科でも扱われることの多い「情報社会の倫理」である（文部科学省, 2017c：99）。

玉田・松田は、教員が修得すべき情報モラルの指導内容には、「情報化が進展しても変化しない（不易な）問題と、情報技術が進化することによって変わる技術的側面に依存する（変化する）問題」（玉田・松田, 2014：11）とがあり、教員自身が、何が不易で、何が変化する問題なのかという構造を理解することが重要と指摘している。この構造を理解することで、指導しようとする情報モラルの内容と、従来の道徳的内容とを関連づけた指導が可能になるからである（玉田・松田, 2004；2009；2014）。情報モラルを指導する際には、表面的な機器やサービスの変化に惑わされずに、従来の道徳教育における指導内容が情報モラル教育においても同様に大切であるとの認識のもと、状況判断に必要となる最小限の情報技術に関わる知識の教授と、各状況において適切な判断が可能となる「見方・考え方」の指導を意識することが重要となる。児童生徒には、自らの経験を振り返りながら、情報化の「プラス面」と「マイナス面」とについて十分に考え、議論する機会を与えることで、情報社会を自分たちの手でよりよく発展させようという主体的・自律的な態度を身につけさせたい（玉田・松田, 2009）。

## 5　まとめ

今日、多くの地域や学校で、「いじめゼロ」を目指して、子どもたちが様々な実践に取り組んでいる。一方で、文部科学省は「いじめはどの子ども、どの学級、どの学校でも起こりうる」問題として、目の前のいじめの芽を見逃さない姿勢を強調している。私たち大人はこの姿勢を忘れてはならない。そこかしこにあるいじめの芽にどれだけ気づくことができるかである。そのためには、普段から学級の子どもたち一人一人の様子に目を配り、それぞれの個性、子どもたちの関係性や役割などを把握することが重要である。その上で、普段とは何かが違うという子どもたちの些細な変化に気づくことが、いじめ防止の鍵であり第一歩である（金綱ら, 2020）。

本節で論じた、法による定義に基づいた積極的ないじめの認知と、その後の徹底した情報共有と組織的対応によって、児童生徒一人一人にとっての安全・安心な居場所となる学級そして学校を目指したい。学級が、ひいては学校全体がそうした環境となることが、子どもたちの「いじめゼロ」を目指した主体的な実践の最大の支援となろう。

**【引用・参考文献】**


・いじめ防止対策推進法（平成25年法律第71号）
総務省（2018）いじめ防止対策の推進に関する調査結果報告書, 総務省行政評価局.

・金綱知征（2019）「いじめ」『読んでわかる児童心理学』藤本浩一, 金綱知征, 榊原久直（共著）, サイエンス社

・金綱知征・戸田有一（2020）「いじめ・ネットいじめ」『生徒指導のリスクマネジメント』森田洋司・山下一夫（監修）, 阪根健二（編集）, 学事出版

・玉田和恵・松田稔樹（2004）「「3種の知識」による情報モラル指導法の開発」『日本教育工学会論文誌』28（2）：79-88.

・玉田和恵・松田稔樹（2009）「3種の知識による情報モラル指導法の改善とその効果」『日本教育工学会論文誌』33：105-108.

・玉田和恵・松田稔樹（2014）「教師が修得すべき情報モラル指導内容の検討」『Informatio: 江戸川大学の情報教育と環境』11：9-15.

・宮川正文・竹内和雄・青山郁子・戸田有一（2013）ネット問題とネット相談掲示板実践, ＜教育と社会＞研究, 23：41-52.

・文部科学省（2017a）. いじめ防止等のための基本的な方針（最終改訂平成29年3月14日）.

・文部科学省（2017b）『中学校学習指導要領（平成29年告示）解説総則編』東山書房

・文部科学省（2017c）『中学校学習指導要領（平成29年告示）解説特別の教科道徳編』教育出版

・文部科学省（2019）平成30年度児童生徒の問題行動・不登校等生徒指導上の諸課題に関する調査

・渡辺研（2009）僕たちができることは何だろう：寝屋川中学生サミットからのアピール, 教育ジャーナル11：8-18.

・Miyake, M., Takeuchi, K., & Toda, Y.（2018）Variations of perspectives of junior high school students who have participated in Smartphone Summit for appropriate usage of the Internet and smartphones. Personal Care in Education, 36：141-153.


（金綱知征）

# Ⅳ　子ども理解と学級集団づくり

## 1　子どもを理解する

### (1)　背景を知る　(背景を知ろうと努力する)

学級担任になったとき、対応に苦慮すると思うのは、どのような子どもだろうか。「教師に反抗する子」「乱暴な子」等、教師にとって「困る」行動を思い浮かべることだろう。しかし、学校で教師が見ている子どもの姿はほんの一部であり、教師からは見えない、子ども自身の力ではどうすることもできない様々な背景を抱えている子どもたちもいる。教師にとって「困る」行動は、子どもが助けを求めるSOSであり、思いをわかってもらえない「心の叫び」なのかもしれない。

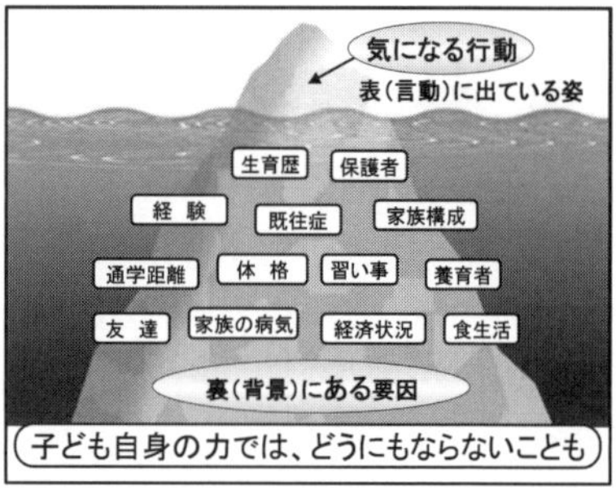

【見えない子どもの背景】

「子どもを理解する」とは、表に見える言動だけでなく、子どもたちからのサインに気づき、見えない背景を知ろうと努力することである。目の前の子どもたちが、一生懸命にどのような「思い」を伝えようとしているのか、そのような意識で子どもの姿を捉え、それを理解して受け止めることである。

### (2)　子どもとの「雑談力」

個人情報の取り扱いが厳しい中、どのようにして子どもたちの背景を知ることができるのだろうか。それは、子どもたちとの「雑談」である。

休み時間や教師の手伝いのときなど、たわいもない「雑談」からこれまで知らなかった子どもの意外な一面を知ることができる。教師が知りたい情報を次々と聞き出すのではなく、子どもが話したい話題を教師も一緒になって楽しむのである。子どもが教師との会話を楽しみ、安心して話ができるようになると、子どもからいろいろな話をしてくれる。子どもから語られる思いを受け止め、表情や気持ちの変化に敏感に気づくアンテナをもつことが大切である。

教師の一方的な見方だけでなく、子どもたちが普段どのようなことを考えているのか、一緒に会話を楽しむ「雑談力」が教師には必要な能力である。

## 2　学級担任の役割

子どもたちは、学校生活のほとんどを学級で過ごしている。居心地のよい学級集団をつくるのは学級担任の役割であり、重要なのはルールとリレーション（人間関係づくり）のバランスである。

### （1）　学級集団の人間関係づくり（認め合う関係）

教師と子どもたちとの良好な関係はもちろん大切であるが、それ以上に重要なことは、子どもたち同士が認め合う横の人間関係づくりである。発達段階や経験・環境等により、自然と学級には様々なグループができてくる。それを認めつつ、学級の誰もがほどよくつながり安心できる人間関係を意識してつくっていくのである。そのためには、特別活動等の時間を活用し、ねらいをもって意図的に、そして年間を通して計画的、継続的に行っていく必要がある。

一方で、望ましい人間関係は日頃の人とのかかわりによって深まっていく。子どもたちは日常的に学級担任の言動を見聞きし、学年が小さい程、学級担任をまねて行動する。つまり、子どもたちの行動の判断規準は、学級担任の言動である。教師自身が、子どもたちを認める言動が日々できているだろうか。子どもたちにとって、教師は「モデル」であることを常に意識して振る舞いたい。

### （2）　ルールの確立（責められない安心感）

毎日過ごす学級は、誰からも責められない心理的に守られた安全な場であることが大切である。つまり、学級のルールが確立し、規律が保たれている集団であることだ。「ルール」には、教師が決めたもの、子どもたちの中からできたもの、教師と子どもたちで話し合って決めたもの等様々なものがある。学級のみんなが「ルール」を守り、ルール違反によって不快な思いをすることのない心地よさを子どもたちが実感することで、安心して生活することができる。どうしても守れないルールであれば、守れない原因はなにか、どのようなものであればみんなが守れるのかを子どもたち同士で話し合い、みんなが納得して守れる「ルール」に作り変えていくことも、学級づくりの一つの方法である。

### (3)　心理的に安全・安心な学習環境

一日のほとんどは授業である。その学習環境が、どの子にとっても心理的に守られて安心できる場になっているだろうか。例えば、答えを間違った子を笑う子どもを教師が毅然と指導することができているか。私語や授業妨害があれば制することができているか。子どもたちが困ったときに「わからない」と言えているか。「わかった」「できた」等の喜びの声が教室の中で聞こえるか。

学習規律を守りながら一斉授業を行うには、意識してメリハリのある態度をとるとよい。ポイントは、全体の場では緊張感を保ち、個人作業の時には一人一人に安心感を与えることである。時間をかけてかかわる子、声をかけてほめる子、微笑みながらうなずくだけで安心して取り組める子、時間の長短はあっても、学級全員の子どもたち一人一人に安心感を与えることを心がけよう。

## 3　学級集団づくり

### (1)　「学校が楽しい」と思えるには

子どもたちに「学校は楽しいですか」と尋ねたとき、多くの子どもたちが思い浮かべるのは学級の友達のことであろう。つまり、「学校が楽しいか楽しくないか」は、「自分の学級が好きかどうか」であり、「学級の中に気の合う友達がいるかどうか」でもある。子どもたちにとって「学校が楽しい」と思えるのは、学級の人間関係がうまくいっているかどうか、そのものなのである。

### (2)　教育相談

教育相談は、個人の資質や能力の伸長を援助するために、生徒指導と教育相談を一体化させて全教職員が一致して取り組むものである。援助の在り方は、教職員の価値観や信念によるものではなく、児童生徒の実態（アセスメント）に基づいて行い、児童生徒の状態に応じて柔軟に働きかけることが大切である。

教育相談活動には、全ての児童生徒を対象に全教職員が行うもの、問題等の兆候が見られる一部の児童生徒を対象に行うもの、発達や適応の課題等により困難な状況に陥っている特定の児童生徒を対象に行うものがある。各段階の具体的な方法については、『生徒指導提要』の82 ～ 85頁を参考にしてほしい。

【教育相談活動の全校的展開】（生徒指導提要2023を基に山本が改変）

| 段階 | 教育相談活動 | 目　的 | 対　象 | 主　体 | 場　面 | 方法例 |
|---|---|---|---|---|---|---|
| 一次的<br>教育相談 | 発達支持的<br>教育相談 | 成長・発<br>達の基盤<br>づくり | 全ての<br>児童生徒 | 全ての教員 | 学校の教育活動<br>（特別活動等） | 望ましい人間関係の形成<br>協働的な問題解決能力の育成<br>対人関係スキルの形成<br>キャリア教育　等 |
| | 課題予防的<br>教育相談 | 課題未然<br>防止教育 | 全ての<br>児童生徒 | 全ての教員<br>（SC等と協力） | | いじめ防止プログラム<br>暴力防止プログラム<br>教育相談体制づくり　等 |
| 二次的<br>教育相談 | | 課題早期<br>発見対応 | 問題や課題の<br>兆候が見られ<br>る一部の児童<br>生徒 | 関係教員<br>専門スタッフ<br>（SC、SSW） | 学校内の特定の場 | ①早期発見<br>丁寧な関わりと観察、定期相談<br>日記等の活用、質問紙調査　等<br>②早期対応<br>リスト化と定期的な情報更新<br>個別の支援計画、グループ面談<br>スクリーニング会議　等 |
| 三次的<br>教育相談 | 困難課題対応<br>的教育相談 | 問題や課<br>題等の解<br>消・解決 | 困難に陥って<br>苦戦している<br>特定の児童生<br>徒 | 関係教員<br>専門スタッフ<br>関係機関 | 学校内の特定の場<br>関係機関 | ケース会議<br>教育、心理、医療、福祉等の観<br>点からのアセスメント<br>地域の関係機関との連携・協働<br>学級担任を支える　等 |

## 3　ほめること・叱ること

### （1）「ほめる」はアクセル、「叱る」はブレーキ

人は「ほめる」ばかりでは抑制が効かずに暴走してしまうし、「叱る」ばかりでも前に進むことができない。子どもによって、アクセルの踏み具合もブレーキをかけるタイミングも違う。教師の価値観や感情でほめたり叱ったりするのではなく、一人一人に合ったほめ方・叱り方をすることで、いずれは子ども自身でアクセルやブレーキをうまく調整し、自分の力で社会を進んでいくようになるであろう。

### （2）認められていると感じる「ほめ言葉」

ほめるときには名前を呼び、子どもの意欲を高める言葉かけを心がけよう。

**①子どもの具体的行動をほめる。**

ほめられたことで、またその行動を行おうとする。（望ましい行動の定着）

例）～なんてすごいね。～をよくがんばったね。

～してえらいね。　～するなんて立派だね。　　等

**②自分の気持ちを言葉にしてほめる**

「私にとってあなたは大切な存在」ということを伝える。（「私は」が主語 ）

例）（先生は）うれしいな。楽しいな。感心したよ。大好きだよ。

元気になるよ。感激したよ。また話したいな。助かったよ。　等

### (3)「ほめる」ことで教師のスキルアップ

子どもたちを「ほめる」ことは、自然にできるようになるものではなく、ほめようと意識しないと、簡単にはできないものである。常に「ほめる」ことを意識していると、同時に教師としての能力も高まってくる。

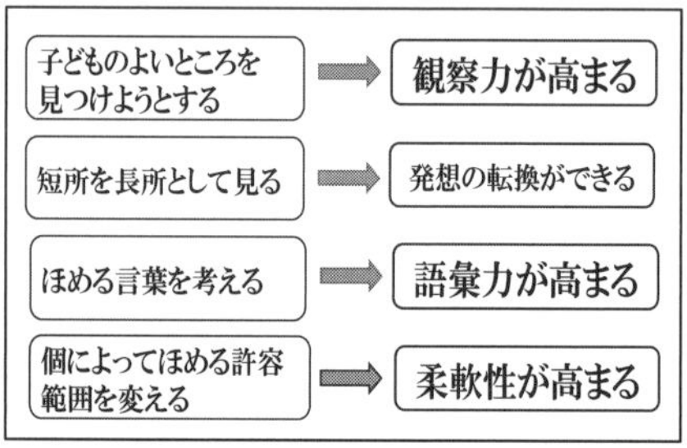

【「ほめる」ことでの教師のスキルアップ】

意識しても、「ほめる」ことがなかなか見つけられないという人は、次のことを振り返ってみよう。

・子どもたちの普段の行動を「できて当たり前」と思っていないか。自分が簡単にできること程、言葉にしてほめてみよう。

・ほめる基準が高くないか。自分に甘く、他人に厳しい人は、ほめる基準を下げてみよう。「こんなこと」と思うことからほめてみよう。

・ほめるタイミングを待っていないか。特別なことをほめようとすると、ほめるチャンスを逃してしまう。目の前の子どもの姿をほめてみよう。

### (4)　叱るときに気を付けること

**①してはいけない「行為」を叱り、プライドを傷つけない**

・生命に関わること、人を傷つけることはその場ですぐ止める。(短く叱る)

・集団の中で同調する(ふざける)行為は、毅然とした態度で止める。(黙って首を横に振るなどの非言語で)

・大勢の場で名前を呼んで叱るのではなく、教師が近くに行って止める。(穏やか声で)

・叱った後は必ずフォローをする。(個別に話す)

**②叱ることの指導方針**

・叱られた理由を納得させる。

・子どもによって対応を変えない。

・全体で叱るときと個別で叱るときを見極める。

・逃げ道を残して叱る。

## 4　問題行動を示す子どもたちに

問題行動を示す子どもたちに対しては、毅然とした態度で臨むことが必要である。しかし、注意や指導だけでは、なかなか行動は変化しない。子どものマイナス行動に向かっているエネルギーを教師がプラスの行動へ意図的に向けさせることで、次第に子どもの行動がプラスのサイクルに変わっていく。

### 1) マイナス行動を禁止するのではなく、プラスの行動を仕組む

小学校であれば、総合的な学習の時間を活用して継続的に体験活動（校外の清掃活動等）や特別活動での子どもたちが企画・運営する学級集会などの活用が考えられる。中学校では、部活動に打ち込むことで、ストレスをしっかり発散できるようになるであろう。これらのきっかけを教師が意図的に仕組むのである。

### 2) プラスの評価（ほめる）を積み重ねる

活動に取り組み始めたら、具体的なプラスの行動を言葉に出してしっかりほめることを続ける。学級担任や部活動顧問は、他の教師にも頑張りを伝え、多くの教師からのプラスの声掛けをする。

### 3) 子どもの自尊感情を高める

多くの人たちからの称賛によって、周りの人たちが自分を見てくれていることに気づき、少しずつ自分に自信を持つようになる。

### 4) マイナス行動をできなくする

周りの人たちの期待を裏切らないように振る舞おうと意識するようになり、次第にマイナスの行動をしなくなる。

【引用・参考文献】

・香川大学教育学部・香川県教育センター（2014）「達人が伝授！すぐに役立つ学級経営のコツ」
・文部科学省（2023）『生徒指導提要（令和４年12月）』東洋館出版

（山本木ノ実）

# Ⅴ　望ましい人間関係づくり

一次的教育相談には様々な手法があるが、ここでは構成的グループエンカウンターとソーシャルスキルトレーニングについて詳しく説明する。

## 1　構成的グループエンカウンター（Structured Group Encounter: SGE）

### （1）　人間関係を築くために

「エンカウンター」とは、出会いや本音と本音の交流のことである。これは、他者の本音だけでなく、本音の自分を発見するということがむしろ大きい。

「グループエンカウンター」とは、短時間で集中的にエンカウンターを体験することである。1単位時間（小学校45分、中学校50分）の実施だけではなく、朝の会や帰りの会、授業のはじめや終わりの5分間でも行うことができる。

「構成的」とは、枠を与えることである。ルールや構成員（参加するメンバー）、人数（何人組）、制限時間、エクササイズのねらいや方法等を教師が決めて明確に伝える。課題があることによって、メンバーが話し合ったり動いたりしやすくなり、誰もが取り組みやすくなる。また、ルールに従うことで、学習のスキルを体験的に学ぶことができる。

### （2）　SGEの目的

**①リレーション（人間関係、ふれあい）作り**

お互いが本音の自分を出し合える構えのない、うちとけた人間関係をつくることである。グループ体験を通して自分や他者に出会い、安心できる人間関係をつくる。

**②自己発見と人間的成長**

自分と他者との違いに気付き、共感され受容されることで、知らなかった自分に気づくことができる（次頁「ジョハリの窓」参照）。例えば、これまで自分は人見知りと思っていたのに、エクササイズを通して意外に人と話せたことに気づくことで、自分から会話に入っていく等、これまでできなかったことができるようになる自分の行動変容にもつながる。

| | 自分が知っている | 自分が知らない |
|---|---|---|
| 他人が知っている | **開放の窓**<br>自分も他人も知っている自己 | **盲点の窓**<br>自分は気づいていないが、他人は知っている自己 |
| 他人が知らない | **秘密の窓**<br>自分は知っているが、他人は気づいていない自己 | **未知の窓**<br>自分も他人も知らない自己 |

【ジョハリの窓】

### (3) SGEの進め方

①インストラクション

教師が、エクササイズのねらいや内容、留意点などを説明する。説明をした後に教師が自己開示をして実際にやって見せることで、視覚的にイメージしやすく、抵抗感が少なくなる。また、強制されることはなく、したくないときや話したくないときにはパスをする自由があることを伝えておく。

②エクササイズ

心理面の発達を促す「課題」を行う。自己理解、他者理解、自己受容、自己主張、感受性の促進、信頼体験の6つの課題がある。「質問はありませんか？」「始め」などで開始した後は、グループごとに見回ったり、どんな話題が出ているかを具体的に聞き取ったり、心配な子の様子を気にかける等、教師はできるだけ子どもたちの様子を細かく観察する。

なお、メンバーが場面を仕切ったり、他の意見を否定するような発言をしたり、一人が長く発言したりした場合は、「無理に発言しなくても、言いたくなったら話せばいいですよ」「みんなの意見はうなずきながら聞きましょう」「一人1分ずつ話してください」等、途中で教師が「介入」して割り込み指導を行う。

③シェアリング

エクササイズをして感じたことや気付いたことを語り合って、共有し合う。

グループで自由に感じたことを出し合ってから学級全体で共有することが多いが、その時に発言したい人の挙手がない場合は、心理的な負担を避けるために、教師が指名することのないようにくれぐれも留意する。

時間がとれない場合は、「楽しかった人？　」「まあまあ楽しかった人？」等を教師が問いかけ、挙手や拍手で表したり、合唱、詩の朗読、学級の合言葉、かけ声等、みんなの気持ちが共有できる活動を行うとよい。また、エクササイズごとには行わず、短いエクササイズをいくつか行った後に、全体を通して感じたことをシェアリングする場合もある。

### (4)　SGE実施の留意点

**①強制しない**

心理的に安心できる人間関係づくりが目的なので、決して活動を強制しないようにする。人と交流すること自体が苦手な子どもがいることを常に心にとめ、エクササイズによっては、パスをしてもよいことや横で見ていてもよいことをオリエンテーションなどで初めに伝えておく。

**②シェアリングを行う**

エクササイズには、それぞれにねらいがあり、行う前にメンバーに伝える。大切なのは、エクササイズを通して感じたことや気づいたことをメンバーと共有するシェアリングである。言葉で出し合うことにより、自分でも気づいていなかった考えが明確になってくる。ねらいやルールが明確でなかったりシェアリングを行わないなど、楽しいだけの「ゲーム」にならないように留意する。

**③グループ編成を工夫する**

異性を意識し、身体接触への抵抗を示す発達段階では、最初は男女別のグループに分けて抵抗感を少なくするとよい。また、普段の友達関係を引きずってしまう場合には、グループづくりのエクササイズを取り入れ、無作為のグループ編成にするとメンバーが固定されない。

**④ルールを徹底する**

エクササイズはメンバーの自己開示なので、聞いたことは「この部屋の中だけ」として秘密を守る。また、メンバーの発言に対して否定的な発言をしないことも、最初にルールとして約束しておく。

## 2 ソーシャルスキルトレーニング（Social Skills Training:SST）

### (1)　対人関係のマナーやコツを学ぶために

望ましい対人関係を築くには、人に対するマナーを知り、そのためのスキルを身につけていることが必要である。スキルが身についていないのには次のような理由が考えられる。

**①スキルの未学習**

これまでの生活経験の中で、スキルを学ぶ機会がなかったために学習していない。

**②スキルの誤学習**

これまでの生活環境等から、誤ったスキルを学習している。

**③スキルの運用困難**

スキルは知っているがスキルを使ったことがなかったり使う機会がなかったりして、行動としては使えない。

このように、これまで望ましいスキルを学習していないことが原因なのである。そのため、改めて対人関係のための知識や技能（マナーやこつ）を学習することでスキルが身に付くとともに、自分とうまく付き合うための援助にもなる。

### (2)　SSTの要素

SSTには、大切な３つの要素がある。

| | | |
|---|---|---|
| 認知 | … | 相手の立場や状況からどのようなスキルを使うかを判断 |
| 行動 | … | スキルの具体的な態度と言葉 |
| 情動 | … | スキルを使った時の感情 |

SSTは、どのように振る舞えばよいか、行動を教えることと思っている人がいるかもしれない。もちろん行動も学ぶが、大切なのは、その時の相手の立場や状況から判断して言葉や態度を考えることである。そして、スキルを使用した時に自分がどのように感じたかによって、「うまくいってよかった。今度同じことがあったら、またこうしてみよう」と思い、繰り返し使うことで望ましいスキルが身についていくのである。

ポイントは、教師が行動を教えるのではなく、その時の状況から判断してどうすればよいと思うか、子どもたちから望ましいと思う行動を引き出すことである。学級集団には、その集団ならではのルールがある。集団によっては、子ども同士の暗黙のルールがあるかもしれない。それが理解しにくい子どもたちにとっては、学級集団の仲間からどのように振る舞うのかを教えてもらい、それを集団の中で練習する機会があれば、その学級集団が居心地のよい場となる。望ましいスキルは一つではなく、相手や状況によって言い方やタイミングも変わっていく。SSTを学級集団で行う場合には、学年が上がる程「認知」の側面に重点をあて、このような場面でどうしてこのような行動をするか、学級のみんなでしっかり話し合う場に時間をかけるとよい。

### (3)　SSTの進め方

**○ウォーミングアップ**

簡単なゲームをして緊張をほぐす。

**①インストラクション（言語的教示）**

対人関係を円滑にするために、これからどのようなスキルを学習するのか、どのような場面でスキルを使うとよいかを具体的に言葉で説明する。

**②モデリング**

教師が手本を見せる。対人場面での望ましくない行動を演じ、どうすればもっとよくなるか、子どもたちから出た意見（スキル）に従って行動を徐々に改善していき、最終的に望ましい行動のモデルを示す。その行動によって相手がどのように反応するかを示すために、TT指導で行うと効果的である。

**③リハーサル（繰り返し練習）**

子どもたちが実際にやってみる。グループに分かれ、モデル（よい例）を参考にし、相手を代えて繰り返し練習する（ロールプレイ）。4人組で、2人がロールプレイをして2人が観察者になり、交替して練習をするとよい。

**④フィードバック（強化）**

どこがよかったか、どうすればよくなるかを伝える。「よかったこと」や「○○すればもっとよくなる」のプラスの言い方で伝える。

**⑤定着化**

どのような場で使えるか、葛藤場面ではどのように判断したらよいか等を話し合う。ホームワーク（宿題）として、1週間程度スキル使用を記録する。

### (4)　SST実施の留意点

#### ①日常場面でスキルを使用する場を設定

スキルは繰り返し使用しないと定着しない。そのため、学習後にそのスキルを使用しやすい状況を教師が意図的に設定したり、校外学習等の実践の場を見通して必要なスキルを事前に学習したりするとより効果的である。また、家庭においても、スキル使用を促すために、なぜスキル学習が必要か、どのようなスキル学習を行っているか、学習後の効果はどうであったか等を学級だよりで家庭への啓発を行っていくことも必要である。

#### ②教師の日常的な強化（称賛）

また、スキルを定着させるために必要なことは、スキルを使用している場面が見られたら、「していることをやめて話が聞けているね」など、すぐに具体的なスキルを挙げて言葉でほめることである。

学習すると自然にスキルが身につくのではなく、学習後に何度もスキルを使用する場を意図的に設定し、教師が日常で具体的にほめていくことによって、次第に子どもたちは対人関係のコツやマナーを身につけていくのである。

## 3　まずは体験してみよう

実際にやってみると、進め方を意識しすぎて、注意したり教えることに力が入ったりしがちになる。まずは、自らが子ども役になって体験することで、どのような感じ方をするのかを味わってみよう。

職員会議や校内研修前の短時間でSGEやSSTを取り入れるだけでも、その後の会の雰囲気がずいぶんと変わってくる。望ましい学級集団づくりのためには、まずは教員同士の良好な関係づくりが大切である。

**【引用・参考文献】**

・香川県教育センター（2012）「教職員のためのサポートブック２　だれもが安心して過ごせる学級をつくるために」
・國分康孝・國分久子総編集（2004）「構成的グループエンカウンター事典」　図書文化
・佐藤正二・相川充編（2005）「実践！ソーシャルスキル教育　小学校」図書文化

（山本木ノ実）

## Ⅵ　学級で育つ子どもたちのために

教員生活のスタートは辞令交付式、職員会議、始業式、学級開き、入学式準備と始まっていく。その中でも教員にとって、子どもたちとの出会いは一生忘れられないものとなる。子どもたちにとっては、一日の大半を過ごす学級は、言わば家庭と同じである。安心できる居心地のよい学級が望まれる。「この学級なら頑張れる」「これから楽しくなりそう」と思える学級づくりが大切である。

### 1　子どもたちとの出会い

教師を目指しているみなさん、教師生活が始まったみなさん、何年か教師生活を経験しているみなさん、「あなたは、どのような教師に？どのような学級担任をめざしていますか？」それぞれに考えてみよう。

少し自分の小学校・中学校・高等学校時代を思い出してみよう。

4月の始業式、学級担任が発表された時のこと。「やったー！」と歓声を上げる子ども。思わず拍手がわく時も。にこっと微笑み軽くガッツポーズをする子ども。「ええっー」の声を出す子ども。あなたはどんな表情で学級開きを迎えたか覚えているだろうか。どの学校でも見られる光景である。子どもも教師もこれから始まる一年に向けて決意を新たにする瞬間でもある。

私自身が中高一貫校に勤務していた時の高等学校の始業式の場面である。体育館入口にいる、ある教師の前では、先程まで大声で喋っていた生徒も背筋を伸ばし、黙礼をしている。担任発表で、その教師の名前が発表されると、生徒の多くが歓声を挙げ拍手をした。厳しい指導をする教師は、どの高等学校に赴任しても生徒や保護者から絶大な信望があると聞いたことがある。その教師の学級は、体育祭等でも学年で優勝したりするなど、学級のまとまりがとてもよい。この教師が常日頃どのような学級経営をしているのかのぞいてみたくなる。

次は、学級担任発表の興奮から教室に入っての学級開き、学級づくりである。「学級づくりって何？」「さきほどの教師はなぜ信頼されているのか？」

学級づくりとは理論的に体系化されたものの上に、経験を積み重ねることで、教師自身の人間的魅力から作り出さるものである。決して一日にしてなるものではない。

学級経営は児童生徒の人間形成に深く関わる創造的な実践活動である。したがって、学級の状態（人・物・教室環境等）や、児童生徒の人間関係及び人間的な成長の姿は、学級担任の指導力に大きく関わってくる。学級担任の意図的な手立てで、学級は次第に一つの方向に歩み始め、独自の雰囲気が作られていく。学級のよい雰囲気は一朝一夕にしてできるものではなく、一日一日の積み重ねや担任の人柄、姿勢、一つ一つの場面での指導の在り方が大きく影響する。

明るい雰囲気を演出できる先生の学級は、自然に明るくなったり、感情に流される先生の学級は、何となく暗さが出てきたりすることがある。ひたむきな情熱、豊かな人間性に基づいて、一人一人を大切にしながら、児童生徒の可能性を最大限に伸ばすように努力することが学級担任に課せられた使命である。

今日、いじめや不登校、学級崩壊など様々な課題が教育現場で見られるが、それらの一要因として、学級内で人間関係がうまく構築できないことから生じている場合もある。学級づくりには、特に人間関係の築き方やコミュニケーションが大切である。次のようなことも起こるかもしれない。

児童Ａ：「ただいまー。今日ね、学校でね、・・・・・こんなことがあって楽しかったよ。あ～、早く明日にならないかなー。今年の学級はとっても良い雰囲気だから学校に行くの楽しみだ」

生徒Ｂ：家に帰るなり、部屋に閉じこもったまま、夕食になっても出てこず母親がドアを叩くと「うるさい」の一言。翌朝から学校には姿が見られず・・・。

教師として、学級担任として子どもたちを学級で育てるためにどのように関わればよいのか、子どもたちを思い浮かべながらじっくりと考えたい。

## 2　私の教育観（教育の不易）

教育には、流行と不易があるが、どんなに時代や社会が変化しようと教育に携わる者にとって子どもたちの笑顔ほど嬉しいものはない。何回も何回も指導しても同じ間違いを繰り返す。学習指導だけでなく生活指導や生徒指導も同じである。あれ程、繰り返し指導したのに、何にも理解できていなかったということもある。

子どもは、友達や教師に認められたい、学習もできるようになりたい、部活動においては、記録を伸ばしたいと思っている。子どもを理解すること、いわば児童生徒理解は、日頃から子どもの行動や様子を把握しておくことが大切である。子どもがとった発言や行動の背景や気持ちを理解しなくてはいけない。

教育はいうまでもなく、一人一人の可能性を引きのばすことが求められる。その場の一つが学級である。学級経営いかんによって子どもの伸びや育ちが違ってくる。そのため子ども一人一人を大切に温かさと厳しさでもって接していきたい。子どもに寄り添い、学級のすべての子どもの可能性を信じる、子どもとの信頼関係を築くことが求められる。このことはどんなに社会が変化しようが先行き不透明な社会になろうが普遍である。

## 3　学級は人間関係を育む心の居場所

児童生徒が「主体的に学び、共に生活できる姿勢を育むこと」は生徒指導の大きな目的の一つであり、教師には、そのための働きかけが求められている。学級経営と生徒指導は、深く結びついており、教師と子どもの信頼関係や子ども相互の人間関係を育てる上で、学級担任が果たす役割は大変重要である。

**①全ての児童生徒が落ち着いて学び、安心して生活できる居場所をつくる**

この生徒指導の目的は、学級経営の中で達せられるものである。児童生徒が自分をありのままに出しても否定されない場が学級である。そうした安心できる居場所を作るのが担任の大きな役割である。まず、子ども一人一人を教師自らが大切にしなくてはいけない。この姿勢が学級の児童生徒に関係してくる。

**②教師が教師たる姿を見せる**

自明の如く、教師が教師たる姿を見せることが、よりよい学級経営の一番の秘訣である。（香川大学教育学部・香川県教育センター 2014,39頁）特に中学生の場合、生徒との信頼関係が損なわれると修復に時間を費やす。子どもを伸ばすためにほめる・叱ることが、重要なポイントである。前述の高等学校の厳しい指導をする教師が、生徒たちから信頼されているのは、このあたりに鍵がありそうである。子どもを大切にする教師の姿勢を見ているのは、学級の子どもたちである。教師の軽はずみな発言や態度は、子どもたちの心を傷つけ、担任の先生もそうだからといじめの一因にもなりかねない。どの子どもも大切な一員であるという教師の姿勢を忘れないようにしたい。

また、教師の話し方一つで、子どもが意欲を出したり、やる気をなくしたりすることも多い。子どもの話を聞く時は、安心して話せるように、最後まで共感的に子どもに寄り添って聞くことが大切である。

**③全ての児童生徒が活躍できる機会をつくる。〔絆づくり〕**

授業中や朝の会、帰りの会等も同じであるが、間違った考えや低い価値観であろうがなんでも言い合え、その意見をしっかりと友達が聞いてくれているという姿勢づくりを大切にしたい。一人一人の役割があって、そのがんばりをその都度機会をとらえてみんなで称賛し合うことによって自尊感情や自己存在感（有用感）が生まれる。

学級経営案等には「子ども同士が認め合い、高め合い、共に育つ学級つくりを目指す」とよく書かれているが、このことは学級集団を育てていく中で大切である。しかしながら教師の働きかけや心がけが弱く文言だけで終わっていることが多い。「教室はまちがうところだ」という静岡県の蒔田晋治先生の有名な詩があるが、安心して発表ができる雰囲気づくりをする中で、子どもたちがお互いに育っていく。

教室はまちがうところだ
みんなどしどし手を上げて
まちがった意見を　言おうじゃないか
まちがった答えを　言おうじゃないか
・・・・・・・　（一部抜粋）

出典：蒔田晋作・長谷川知子絵「教室はまちがうところ」（こどもの未来社）

## 4　学級担任として大切にしてきたこと

### (1)　言語環境を中心とする教室環境づくりを大切にすること

掲示物だけでなく、教師の話し言葉、子ども同士の会話、教師と子どもの間の会話やあいさつ、言葉遣い等も大切である。好ましい人間関係を築くための重要な役割である。また、学級担任の言語感覚を磨くことが大切である。

### (2)　開かれた学級づくりに努めること

- 学級がうまく機能しない状況の際には自分だけで抱え込まず、学年や学校全体で解決にあたるという意識（報・連・相）

・開かれた心をもって学級づくりを。（校種を超えた連携）
・保護者との連携・協力に努める。（学級や家庭の様子を担任と保護者とが伝え合えるよう、相互の協力関係を工夫する）

さて、私が、まだ若年教員時代によくしていたことがいくつかある。

○　放課後、ベテランの先生や尊敬する先生の学級をよく見に行かしていただいたことである。子どもたちがとても育っておられる先生の教室は、何か環境までが違っていた。まねをさせていただいたが、なかなか同じようにはいかない。子どもと環境づくりを考えたこともある。

○　よりよい集団作りを実践され、学級経営が上手な先生が出張されて、補欠に入ると、驚くことが多かった。担任がいなくても、子どもたちが朝の会をはじめ、生活記録もきちんと集めてくる。それも見やすいように提出している。きっとこの子どもたちは、入学当初から学年団で足並みをそろえて、きちんと指導を受けてきたのであろう。生活のルールを指導しながら一方で規範意識を育てられていた。なぜかこの先生が、担任をされると子どもたちが成長するのである。

その学級の給食の時間の配膳時のことである。補欠に入った私のところに一番に運んでくれたのは、日頃から問題の多い子どもであった。活躍できる機会を作り、周りから認められる経験を重ねることで、子どもたちの自己肯定感と学級への所属感を育んでおられたり、一人一人がもっているよさを伸ばされていることがその一場面からわかった。また、食事中のある班でのこと「先生のこと、とてもいい先生って、うちの担任の先生が言ってたよ」と。他の学級担任の先生を尊重し、先生方の信頼関係を子どもたちに見せていた。細かなところまで気配りをされる担任がきっと指導されていたのであろう。さらに驚いたことは、清掃の時間である。黙ってすることはもちろんであるが、雑巾がけがすばらしい。ある女の子が「先生がいつも掃除をきちんとしたら心もきれいになると言っている」と言っていた。どんなことでも一生懸命することの意義、掃除の意義を子どもたちに指導されているのである。

その教室に行くと学ぶことが多いので喜んで補欠に入っていた。学級経営いかんによって子どもの育

ちが変わるとはこのことであろうか。学べる機会を大切にしていきたい。

先輩の先生からよく言われていた言葉がある。

「まねをするのもよし、盗んで学ぶのもよし」と。

経験を重ねていくうちにこの言葉の意味がわかった。一度先生方も尊敬する先生やベテランの先生の「人権学習の時間・道徳科の授業・学級活動の話合い活動の時間や掃除時間」などを機会あるごとに見せていただき、学級経営のワンポイントを学んでいただきたい。

子どもが育っている学級に共通して言えることは、その学級に行くと掃除が行き届いていて、何となく落ち着く。また、作品や活動の振り返り等が掲示されていて、子どもたちの学習の足跡がみられる。季節感を感じる花であったり、詩であったりカードであったり工夫されている。環境整備とは、ただ単に掃除ができているだけのことではない。掲示物がはがされていたり、押しピン等が転がっていないか、いたずらをされたりしていないか、などの人権等への配慮を忘れてはならない。見逃すことがいじめ等につながることにもなりかねない。

管理職時代、初任者の先生方に「ちょっとした工夫で学級がまとまったり、仕事がしやすくなりますよ」と紹介していたことがある。

**取組んでみよう！子どもたちが育つ学級経営10のポイント（教師の姿勢）**

□誰にでもはつらつとあいさつを教師から。身だしなみは、若い先生ほど子どもたちに注目されている。

□まずは朝の出勤時間に余裕をもって。授業の開始時刻や終了時刻を守る。時間を守ることから提出期限を守ることの大切さを子どもたちに話していこう。

□子どもたちとの雑談でOK！一日一回は学級の子どもたちと話す。時間がない時は気になる子どもにまずは声かけを。後であの時と後悔のないように。

□どの子どもも良さがある。子どもたちの悪い点を点検、追及するのではなく、むしろ少しでも良い点はないか、積極的に見つけ出していくこと。いろいろな役割を与えて活動させてみることも積極的に。ほめるチャンスを大切に。

□話しかけてきたらまず聞こう。子どもの方から話しかけてきたチャンスを逃さないこと。

□連絡帳や生活記録はその日のうちにコメントを付けて返す。保護者とのやり取りに一筆箋も役に立つ。もらってうれしい教師からの連絡には良いことをまずは書き、その次にお願い事を。(保護者とのつながり)

□補助簿をつくろう。いつどこでだれが何をしたかメモをしておく。できなかったことができるようになったことを特に記録しておくと通知表や懇談会にすぐに役立つ。年度末の指導要録にも。(記憶より記録を)

□放課後の教室は、今日の子どもの姿であり、翌朝子どもを迎える場である。学級経営が手に取る程わかる放課後の教室の点検(放課後訪問をします)

□安心できる学級、居心地のよい学級の一つは、教師のほめることと叱ることの一貫した態度でもある。(ほめることと叱ることのメリハリを)

□どの子どもたちも分け隔てなく大切にする姿勢、学級の子どもをみれば担任がわかるとも。

## 6　さいごに

学級経営への期待と不安は誰にでもある。人を育て、集団を育てる教師の仕事は、決して楽しい楽なことばかりではない。以上述べたことは、「達人が伝授すぐに役立つ学級経営のコツ(9頁)」で、平成25年度の小中学校の初任者が「『学級経営』で一番大切にしていること」で全て挙げられている。頭ではわかっており、実践しようとしているがなかなか現実は難しい。しかし、子どもと、保護者と、同僚とそして、同期とともにあせらず一歩一歩着実に学級経営を実践していってほしい。初めて、子どもたちと教室で出会った頃の緊張感や新鮮さを忘れないようにしていきたいものだ。

**【参考文献】**

・香川大学教育学部・香川県教育センター（2014)「達人が伝授―すぐに役立つ学級経営のコツ―」
・国立教育政策研究所　生徒指導研究センター（2012)　小学校の初任者教員「これだけは押さえよう！」～生徒指導のはじめの一歩～
・神奈川県立総合教育センター（2009)「小学校初任教師のための授業づくりハンドブック」

(岡静子)

## コラム3　ほめて知らせる

（池西郁広）

## コラム4 子どもの様子から知る

（池西郁広）

# 第3章

## 気になる子どもや保護者とのかかわり

# Ⅰ　特別な支援を要する子どもへのかかわり

## 1　発達障害の特性

### ①学習障害（LD）

要領が悪い、意欲がない等の誤解を受けがちだが、実は苦手なことに日々努力する良さがある。

苦手なことを繰り返し練習したり特別な教材をたくさん用意したりするよりも、まずは「学ぶ楽しさ」を伝えるための指導の工夫や日常の声掛け、気配りを行うことがポイントである。

【学習面で気になる子】

- 言いたいことをうまく話せない。
- 漢字を覚えることが苦手。
- 文字の書き間違いが多い。
- ことばの指示を理解することが難しい。
- 繰り上がりや繰り下がりの計算ミスが多い。
- 図形や文章題を解くことが難しい。
- はさみやのり、コンパス等がうまく使えない。

### ②注意欠陥多動性障害（ADHD）

わがままである、落ち着きがない等の誤解を受けがちだが、実は発想が豊かで人情味があり、活発でとてもエネルギッシュな良さがある。

集団行動から外れてしまうことがあるが、指示や注意をするよりも、どうすればできそうか一緒に考える「作戦タイム」をとり、自分が考えた方法を自分から取り組むように促すとよい。

【行動面で気になる子】

- 細かいところの見落としや不注意なミスが多い。
- 注意の集中の持続が難しい。
- 計画的に最後までやり遂げることが難しい。
- 忘れ物やなくし物が多い。
- おしゃべりが多く、話の途中に口をはさむ。
- よく動き回る。
- 約束やルールが守れない。
- 順番が守れない。

### ③自閉スペクトラム症（ASD）

融通がきかない、何を考えているのかわからない等の誤解を受けがちだが、実は同じことをずっと続けて取り組むことができる良さがある。

本人が納得できるようにわかりやすく説明し、具体的な方法（スキル）を教えることで、学んだことを続けて行うことができる。ただし、修正ができにくい一面もあるので、最初から望ましい行為を具体的に伝え、「いいこだわり」へと変化させていくとよい。

【対人関係が気になる子】

- 人と協力して行う活動が苦手である。
- 一度こだわると切り替えが難しい。
- 予定の変更があると受け入れにくい。
- 相手の気持ちや場の状況を考えずに話す。
- 大勢でいるよりも一人でいることが多い。
- 友達よりも大人といることを好む。
- 自由時間に何をしてよいかわからない。

大切なのは、診断名で特性を理解をすることではなく、目の前の子どものよさや困難さを知り、その子に合った支援を行い、よさを伸ばすことである。

## 2　子どもの行動変容は担任の意識から

### (1)　子どもの「困り感」に気づく目

すべての教師は、教育的ニーズのある子どもを担任しており、診断や障害の有無にかかわらず、目の前の子どもたちの困っていることに対して支援を行う必要がある。重要なことは、教師が子どもの「困り感」に気づく目を持っているかということである。ノートが書けない、すぐ席を離れてしまう等の子どもたちは、自分の力ではどうにもできずに「困っている」子どもたちなのである。そのことに気づくと、教師の声かけが変わり、その子にあった支援を見つけようとする意識も変わってくる。

### (2)　子どもたちの行動の判断規準は担任の言動

子どもたちは、担任の言動を見て学級で許されること、許されないことを判断している。担任がすべての行動を許すと、「何をしてもよい」と誤った学習をしてしまう。そのため、担任の前では一見「いい子」の集団であるが、他の教師の授業では逸脱したけじめのない集団となる。このような状況になった場合は、担任が日頃一貫した言動をとっているか、担任自身が見直す必要がある。

また、教師が特定の子への叱責を繰り返すと、周りの子どもたちは「あの子には何を言ってもよい」と感じ取り、いじめのきっかけを担任がつくってしまう場合がある。「指導」の名目で行っている子どもへの注意や叱責は、結果的に「子ども同士の粗さがし」を招いてしまい、担任の口調をまねたマイナスの言葉が飛び交う学級になりがちである。反対に、担任が子どもたちに「ありがとう」等の温かい言葉をシャワーのように日々注いでいると、自然と子ども同士の間でも、温かい言葉があふれてくる。

学級の子どもたちをどのように育てたいか、それは担任の日々の言動で子どもたちの行動が決まるのである。支援を要する子どもたちへのかかわり方も担任がモデルになって具体的に見せることで、周りの子どもたちが担任の言動をまねて、次第にその子に合ったかかわり方ができる子どもたちが育っていく。

## 3　特別な支援を要する子への教師の役割

### （1）　一次的症状の改善

小学校中学年までに適切な支援をすれば、学校生活への適応状態は改善される。そのため、学習の基礎・基本や望ましい行動を教え、自尊心を高めるような声掛けを意識して行うことが大切である。特に、ADHD傾向がある子どもには、低学年までに望ましい行動を教えることを心がけたい。気になる行動が見られるとすぐに注意や叱責をしがちだが、このような教師の対応が暴力や暴言等の二次的障害を招いてしまいがちである。

小学校高学年以降は、将来どんな困難が予想されるかを考え、自立を見据えた支援が重要である。読み書きや計算が苦手な子にはパソコンや計算機等の代替手段を活用したり、すぐにキレてしまう子には自分で感情をコントロールする方法を一緒に考える等、将来を見据えて身につけておきたいことを保護者や特別支援教育コーディネーターと話し合い、支援の優先順位を決めよう。

### （2）　二次的障害の予防

#### ①二次的障害の兆候

二次的障害は、教師や親、友達からの叱責、嘲笑、過剰な注意、集団の中での失敗体験、誤った行為の容認等、周りの人たちの不適切な対応によって起こる。左記のような様子が見られたら、まずは教師自身のかかわり方を振り返り、子どもへの接し方を見直そう。

**【二次的障害の兆候】**

- すべてに対してやる気がない
- 自分に自信がない
- 他人へ強い不信感を抱く
- 別の場所へ逃避する
- 周囲やルールに対して反発する
- 怒りなどが抑えられない
- 暴言を吐いたり暴力を振ったりする

#### ②教師の「不適切なかかわり」

学級の子どもたちに対して、普段当たり前に行っている指導かもしれないが、発達障害等のある子どもたちは、周りの子どもたち以上に注意や叱責される経験が多いために、自分に自信をなくし自尊感情が低くなっている。子どもたちにとって、前向きに取り組もうと思える言葉かけ、指導の工夫は何かをもう一度考えてみよう。

**【教師の「不適切なかかわり」】**

- みんなの前で叱る。
- できていないことを何度も指摘する。
  （例）忘れ物、宿題、片付け等を何度も注意
- 苦手なことを繰り返しさせる。
  （例）漢字を覚えるまで何回も書かせる
- 集団の中で失敗体験をさせる。
  （例）音読が苦手な子に長い文章を読ませる。
- 書き直し、やり直しを繰り返しさせる。
- クラスの子がからかっても注意をしない。

③二次的障害を防ぐために

○学級集団の人間関係づくり

学級が心理的に安心・安全な場になるように、友達のよさを認め、失敗を許せる学級づくりを心がけよう。

○学習意欲の向上・維持

「わかった」「これならできる」と実感できる授業を行うことで、子どもたちの自尊感情を高めることができる。教師が授業力を高め、授業改善に努めよう。

○周りの子どもたちへのかかわり

みんなの前での叱責を控えたり、課題の分量を軽減したり等、教師が意図的に行っている支援に対して、「どうしてあの子だけいいのか」と不満を抱く子どもたちがいるかもしれない。周りから不満の声が聞こえたときには、後回しにせず、時間をとってしっかり話を聞いて受け止めよう。そうした周りの子どもたちの話から、意外と効果的な支援のヒントが見つかることがある。

## 4　授業での留意点

誰でも得手不得手があるように学び方も人それぞれだが、教師は無意識のうちに、自分の得意な方法で授業を行いがちである。教室には様々な子どもたちがいることを常に意識し、両方の方略で授業を行う必要がある。教師の柔軟性が授業改善につながる。

「言語性」と「動作性」

| 言語性 | 動作性 |
| --- | --- |
| ■話を聞く | ■指差す・立つ・座る |
| ■読む（音読・黙読） | ■歩く(前で、持って来る) |
| ■話す（2人で、班で、全体で） | ■切る・貼る・並べる |
| ■書く（ノート・ワークシートに） | ■作る |
| | ■カード操作 |
| | ■ゲーム |
| | ■2人で、班で　等 |
| 言葉を通して | 動きを通して |

「聴覚的」と「視覚的」

| 聴覚的 | 視覚的 |
| --- | --- |
| ■具体的な言葉で | ■黒板に書いてから |
| ■数字を入れながら | ■プリントを見ながら |
| ■一文を短く | ■実物を見せながら |
| ■しゃべりすぎない | ■図や絵を使って |
| ■低い声で | ■カードを見せながら |
| ■ゆっくり | ■教師がやって見せる |
| ■間をあけながら | |
| 聞くことを通して | 見ることを通して |

「同時処理」と「継次処理」

| 同時処理 | 継次処理 |
| --- | --- |
| ■結論を先に言う | ■手順を説明する |
| ■完成品を見せる | ■順番に行う |
| ■全体図を見せる | ■時間を数字で提示（デジタルのタイマー、デジタルの時計） |
| ■時間を量的に提示（2つの時計を用意、砂時計） | |
| 全体的なイメージ | 時系列に一つずつ |

【配慮を要する子を意識した授業の留意点】

・授業の始まり、終わりの時間を守る。(片付けも授業時間内に終える)
・注目させたい場では、2～3秒沈黙して静寂な「間」を取る。
・一回一行動の指示を行い、指差し等で全員の指示理解を確認する。
・視覚的(板書・実物・やってみせる等)に示しながら、口頭で説明する。
・作業が終わったら何をするか、次の活動を示してから作業を開始する。
・付箋にヒントを書いたり赤鉛筆で○つけ等、机間指導で個別に関わる。
・個人で課題(量や質)を変えてもよい。(子どもが選択できる場を設ける)
・言語・非言語でしっかりほめる。

## 5　日常のかかわり

支援を要する子どもたちは、様々な背景や感情コントロールの難しさから、気持ちが不安定になることが多い。そのため、日頃から情緒面の安定を図るような教師のかかわりを心がけよう。

### ①ほめる

当たり前にできている行動を言葉にしてほめる。「○○先生が～とほめていたよ」等の間接的なほめ方は、他者との関係づくりにもつながり効果的である。

### ②話を聞く

一人でいる時に、その子の興味関心がある話題で雑談をするとよい。普段から「先生は話を聞いてくれる」と思える関係性をつくることで、不安な時にも話をしてくれるようになる。話を聞くことが気持ちの安定につながる。

### ③許容範囲を広げる

子どもたち一人一人の力は様々であり、簡単にできてしまう子もいれば一生懸命に努力してやっとできる子もいる。教師が全員一律の目標を決めるのではなく、一人一人の特性や能力を見極め、個によってある程度できていれば認めたり許容範囲を広げたりすることで子どもたちは達成感を味わうことができ、次への活動の意欲につながる。どうしても譲れない行動の場合には、許容範囲の行動から望ましい行動へスモールステップで徐々に教えていくとよい。

## 6　問題行動が起こったときの対応

### ①まずは落ち着かせる(クールダウンを意識する)

発達障害等のある子どもで感覚過敏がある場合は、突然大声を出されたり体に触られたりすると益々混乱を招くことがある。そのときには、刺激が少ない場所に移動したり、難しいときには周りの子を移動させたりして、まずは落ち着かせることを第一に行う。

**②落ち着いてから穏やかに話を聞く**

気持ちが落ち着いたら、イラストや吹き出し等を紙にかきながら状況について話を聞く。話の途中で指導したり否定したりせず、そのときにどう思ったのか、気持ちを受け止めながら話を聞く。思っていることがうまく言い表せない場合には、教師が気持ちを代弁するとよい。

**③どうすればよかったか一緒に考える**

話をしっかり聞き、このような状況にならないためにどうすればよかったか、今度同じようなことが起こったらどうすればよいかを一緒に考える。

## 7　周りの子どもたちに対して

**①友達を受け入れる学級風土をつくる**

子ども同士の横の人間関係をつくるために、特別活動等の時間を活用して、一次的教育相談の活動を意図的・計画的に行う（第２章Ⅴ参照）。同時に、学級のルールを確立し、望ましい行動をしている子がみんなのモデルとなるように具体的な行動をほめて、日常的に友達を受け入れる学級を育てていく。

**②教師がかかわり方の手本を示す**

どのようにかかわると配慮児が安心できるか、日頃から教師がかかわり方を具体的に行動で示す。空き時間に10分でも特別支援学級に補助として入り、どのようなことに留意すればよいか、かかわり方を直接見て学ぶとよいだろう。

**③学級集団に不満をためさせない**

周りの子が配慮児を責めるような状況を教師がつくらないように心がける。周りの子たちから不満が出た場合は共感的に話を聞き、その後、本人も困っていて努力していることを話すことで、支援のヒントがもらえることもある。

**④担任が対象児を徹底して守る**

どのようなかかわりをすれば安心できるかなど、周りの子たちに対して担任が特性を翻訳する役割を果たす。このときに、「障害」「診断名」は決して使わない。学級の子どもたちに障害説明をする場合は、必ず保護者の了解を得る。

（山本木ノ実）

## Ⅱ　逸脱しがちな子どもへのかかわり

失敗から学ぶ、すなわち子どものつまずきや失敗をきっかけにして学習が展開される場合がある。その有名な例が、斎藤喜博（1960）が『授業入門』の中で紹介している「××ちゃん式まちがい」である。この例では、ある1人の子どもが間違えた計算問題を学級全体で再度解くことで、子どもたちの筆算の仕組みの深い理解につながった。そして、問題を間違えた「××ちゃん」の立場も、「問題を間違えた子」から、「学級全体のさらなる理解に貢献した子」に変化した。失敗した課題に学級全体で再度取り組むことで、その失敗をくり返さないようになるのみならず、学習内容のさらなる理解につながる場合がある。また、失敗した子どもの学級内での立場が、失敗への対応の仕方により大きく変化する場合がある。

学習規律についても同様に、失敗から学ぶ場合がある。学習規律に関する失敗とは逸脱行動による、円滑なコミュニケーションの失敗である。学習規律からの逸脱行動をきっかけに、学級全体が学習規律について学習する過程やその条件について、実際の授業中の事例から考えたい。

### 1　逸脱行動から学習規律を学んだ事例

次の例は、小学校4年生のある1学級の授業中の発言記録および、発言に直接かかわった子どもの行動の記録である。4月末に行われた理科、単元は「気温の変化」の授業であった。この時間の主な学習内容は、1日の気温の変化と天気との関係であった。発言記録の場面は、子どもたちが黒板に貼られているスクリーンの前に集まって座り、スクリーンに投影された1日の気温のグラフを見ながら、晴れの日とくもりの日の気温の変化について、それぞれの特徴を学級全体で話し合っていた。

なお、事例に登場するＡ児は、学級担任が当時「逸脱しがちな子ども」と認識していた子どもである。前年度の学級担任もＡ児の3年生時の様子について、「（授業中に）いいことを言うが、すぐに（授業中の規律から）外れる」と引き継いでおり、引き継ぎ後の学級担任も同様の印象を持っていた。

【周りの子どもと教師による，逸脱しがちな子どもへの対応場面】

| 教師 | 子ども | |
|---|---|---|
| 「さあ、どうでしょう。晴れの日とくもりの日の（気温の変化の）違いはなんですか？」 | | |
| | | 多数の児童が挙手をする |
| | A児 | 「くもりだと（気温が）上がらない」 |
| | 多数 | 「えー」 |
| | A児 | 「へへ」（笑い声） |
| A児を見て悲しそうな表情になる | B児 | 「何で言うんだよ」 |
| | | （2秒ほどの間） |
| | B児 | 「ずるいぞ、オレも言いたかったのに」 |
| 「Cくん」（指名する） | | |
| | C児 | 「くもりの日は、温度が上がらない」 |
| | A児 | 苦笑いをして、ゆっくりとスクリーンを見る |

この事例での逸脱行動は、多数の子どもたちが「えー」と言っていることから、A児の「くもりだと（気温が）上がらない」という発言であったと読み取れる。それから解釈して、A児は、「教師が発問したら、発言したい子どもは挙手をする」、「挙手をしている間は発言せずに待つ」、「教師は挙手している子どもを指名する」、「指名された子どもは発言する」、「指名されなかった子どもはそのまま手を降ろす」、といった一連の行動からなる学習規律から逸脱し、また、その学習規律がこの場面で成立していたと言える。

A児の逸脱行動に、B児が「何で言うんだよ」、「ずるいぞ、オレも言いたかったのに」と言って対応する。B児はA児に逸脱行動をとる理由を問いただし、また、A児の逸脱行動を「ずるい」と低く評価する。さらに、A児の逸脱行動により「オレも言いたかったのに」発言できなくなった結果、すなわち発言の機会を失った不利益がもたらされたことを指摘する。

この時、教師はA児とB児のやり取りに関与せず、授業を続行している。授業後の教師のふり返りでは、教師はA児とB児の友人関係が構築されていることをすでに知っており、B児へのケアは必要ないと判断し、また、A児の逸脱行動に対してB児が上記の対応をしたことで注意の代わりになったと考え、それ以上の対応は必要ないと判断していたと述べていた。

学習規律の学習が顕著に見られた主体は、事例に登場するB児である。B児はA児に逸脱行動の理由を問いただす中で、成立している学習規律を再認識する。第1章－Ⅷで説明した通り、学習規律の成立は子どもたちと教師の暗黙の了解とされ、通常はその内容が意識されない。A児の逸脱行動により、B児は無意識化された学習規律を再認識する。同時に、その学習規律がどのような場面で成立するのか、その条件についても再認識する。これらの再認識が、学習規律の学習の1つと言える。

また、B児は同時に、学習規律成立の必要性を理解する。B児は「オレも言いたかったのに」発言できなくなったと、A児の逸脱行動によってもたらされた自己の不利益を説明している。つまり、教師の発問から挙手、指名、発言に至る一連の行動によって成立している学習規律は、子どもたちの発言権を公平に保ち、また、発言の聞き手であるまわりの子どもたちや教師が発言を聞き取りやすくするために必要であることを、A児に問いただすことを通して理解している。すでに成立している学習規律を維持することの必要性の理解も、学習規律の学習の1つと言える。

学習規律の成立が暗黙の了解となっていることから、学習規律を維持することの必要性を、子どもたちが理解しているとは限らず、むしろ「先生に注意されないように」などの理由で学習規律から逸脱しないようにしている、つまり自発的に学習規律を維持しているとは言えない場合が多い。学習規律の定義（第1章－Ⅷ）を参照すれば、子どもたちの自発的な学習規律の成立と維持が望ましいと考えられる。その点において、B児が展開した、学習規律成立の必要性理解につながる学習は有意義な学習であると言える。

逸脱行動をとったA児も、B児から問いただされることで、学習規律の学習を行ったと考えられる。特に、B児が「オレも言いたかったのに」発言できなくなったと、A児の逸脱行動によってもたらされた自身の不利益を説明することで、自身のとった逸脱行動について負の評価を行ったと推定される。すでに成立している学習規律からの逸脱行動を抑止し、学習規律を維持することの必要性を理解したと言えるだろう。

さらに、A児とB児、2者間のやりとりを、周りの子どもたちも観察している。A児とB児のやりとりは教室中に聞こえる声の大きさでなされており、教師が悲しそうな表情をしていることからもそれは明らかである。A児とB児2

者間のやり取りを聞きながら、教室内の周りの子どもたちも、教師の発問から挙手、指名、発言に至る一連の行動によってすでに成立している学習規律を維持することの重要性を理解したと言える。

この事例では、B児とA児の2人においていくつかの種類の学習規律の学習が見られ、その端緒がA児による逸脱行動である。A児による逸脱行動が無ければ、これらの学習規律の学習はいずれも行われなかった。A児は逸脱しがちな子どもと教師によって認識されており、逸脱しがちな子どもが、自身のみならず、学級内のまわりの子どもたちに、学習規律学習の機会を提供する場合があると言える。

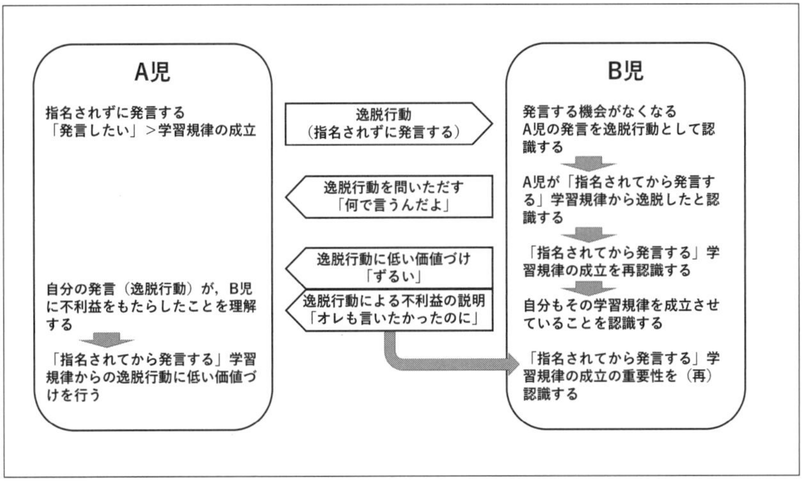


【事例中における、A児とB児の学習規律の学習過程】

## 2　逸脱行動から学習規律を学ぶ条件

逸脱行動から学習規律を学習する条件として、この事例から2点指摘できるだろう。1点目の条件は、子ども同士の友人関係があらかじめ構築されていることである。この事例で登場する2名の子ども、A児とB児は小学校入学前からの友人であり、強固な友人関係が構築されていた。そして、学級担任である教師もその友人関係を認識していた。

先述の通り、逸脱行動をとる子どもをまわりの子どもが注意することで、子ども間の友人関係が壊れる可能性がある。逸脱行動への注意は低い価値づけでもあるから、対等な関係にある子ども同士の友人関係が壊れてしまう。逸脱行動を問いただされても壊れない友人関係の構築が、今回の事例で学習規律の学習が展開された大きな要因となっている。

それに加えて、逸脱行動を問いただされる側のA児を主体とする学習規律の学習も、B児との友人関係によって実現したと考えられる。今回の事例でA児が学習規律を学習したと仮定すれば、自分のとった逸脱行動に低い価値づけを行ったことで学習が達成される。今回の事例では、A児の逸脱行動への低い価値づけは、逸脱行動がまわりの子どもに不利益をもたらしたことを理解することでなされる。強固な友人関係を構築しているB児に対して不利益をもたらしたことが、A児による自身の逸脱行動への低い価値づけにつながったと推察される。

2点目の条件は、教師による見守りである。この事例でも教師はA児の逸脱行動を注意するなど、積極的な関与をしていない。もし、逸脱行動に対して教師が即座に注意をすれば、B児がA児に対して逸脱行動を問いただすことはなかった。この事例では教師が悲しそうな表情をする程度の関与にとどめたことが、B児がA児を問いただすことにつながったと考えられる。教師が子ども間の相互行為に積極的に介入せず，その相互行為を見守ることが重要である。

## 3　まとめ

学習規律から逸脱しがちな子どもは、どの学級にもいる。学習規律が成立すれば同時に、それ以外の行動が逸脱行動となるため、逸脱行動がゼロになるということはない。逸脱行動への対応は、教師による注意が一般的である（第1章－Ⅷ）。教師による注意は逸脱行動の低い評価であり、その注意を周りの子どもたちも観察していることから、逸脱しがちな子どもは教師や周りの子どもたちから低く評価される傾向にある。それにより逸脱しがちな子どもは授業中の居場所がなくなり、ますます逸脱しがちになるという負のスパイラルが起こる。教師にとっても、逸脱しがちな子どもへの対応がますます困難になる。

しかし、逸脱行動は、周りの子どもたちに対して、学習規律の学習の機会を提供する場合がある。すなわち、逸脱しがちな子どもは周りの子どもたちの学習に貢献する場合がある。そのように教師が考えれば、逸脱しがちな子どもに対しての教師の評価も変わり、逸脱しがちな子どもがますます逸脱しがちになるという負のスパイラルを断ち切ることができる。教師は逸脱しがちな子どもに注意ばかりの対応をとるのではなく、教室内のまわりの子どもたちにも目を向け、注意以外の対応を選択することも必要である。

その一例が、今回取り上げた事例のように、周りの子どもによる対応を促すことである。今回取り上げた事例では、B児がA児の逸脱行動に対応することで、逸脱行動をきっかけにして学習規律の学習を展開した。注意以外の対応として、逸脱行動とをとる子どもと周りの子どもとのコミュニケーションをとるチャンスを作っていくことが、逸脱しがちな子どもへの対応の1つとして指摘できる。そのような対応により逸脱行動をきっかけにした学習規律の学習が学級全体で展開されれば、逸脱しがちな子どもの教室内での立場を変えることにもつながると考えられる。

逸脱行動から学級全体が学習規律を学ぶの条件の1つとして、子ども間の友人関係が構築されている必要があると考えられた。日頃から子ども間の友人関係の構築と深化が目指される必要がある理由の1つを、今回取り上げた事例から指摘できるだろう。

今回とりあげた事例から、学習規律成立の必要性があるか否かが学級で問われると考えられる。事例では、A児の逸脱行動がきっかけとなり、B児が逸脱行動によってもたらされた不利益を指摘することで、その学習規律維持の必要性が理解された。つまり、維持が必要でない内容の学習規律については、そこからの逸脱行動は学習規律の学習の機会を提供しない。必要な学習規律とは何か、不必要な学習規律が成立していないか、教師は日頃の授業の中で常に考え、不必要な学習規律は崩していく支援をしていくことも時には必要であると、この事例から指摘できるだろう。

**【引用文献】**

・斎藤喜博（1960）『授業入門』国土社
・笹屋孝允（2024）『小学校における学習規律に関する学級経営研究』風間書房

（笹屋孝允）

# Ⅲ　不登校の子どもへのかかわり

## 1　不登校とは

何らかの心理的、情緒的、身体的あるいは社会的要因・背景により、登校しないあるいはしたくともできない状況にある者(ただし、病気や経済的な理由による者を除く)　(文部科学省)

文部科学省が毎年実施している「児童生徒の問題行動・不登校等生徒指導上の諸課題に関する調査」では、不登校の定義を上記のように示し、「年間30日以上の欠席」としている。不登校解消の目標は、子どもたちの将来的な「社会的自立」であり、「心の問題」のみならず「進路の問題」でもある。

不登校は、学校に行けない状態のことであり、特定の子どもだけに起こる特有の問題ではなく、どの子にも起こり得ることである。不登校になったらすぐに原因を探りがちだが、不登校には誘因（きっかけ）と要因（背景）があり、それが複雑に絡み合っていることが多い。誘因（きっかけ）は、本人や周りからの情報で気づきやすいので、解決に向けて素早い対応が望まれる。一方で、要因（背景）は、本人の気持ちを第一に考え、時間をかけて対応していく必要がある。

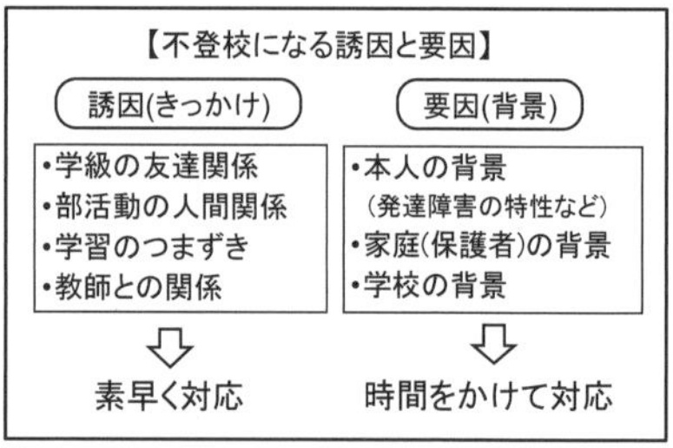


子どもたちが「不登校」という形でSOSを出すのは、居場所を失ったときである。学校と家庭の両方で常に一生懸命頑張っていると、どこかでエネルギーがきれて前に進めなくなってしまう。力を抜いてゆったりと過ごせる、またはストレスを発散できる場所や時間、人がいることで、エネルギーを補充することができるのである。つまり、学校での「居場所づくり」がポイントである。

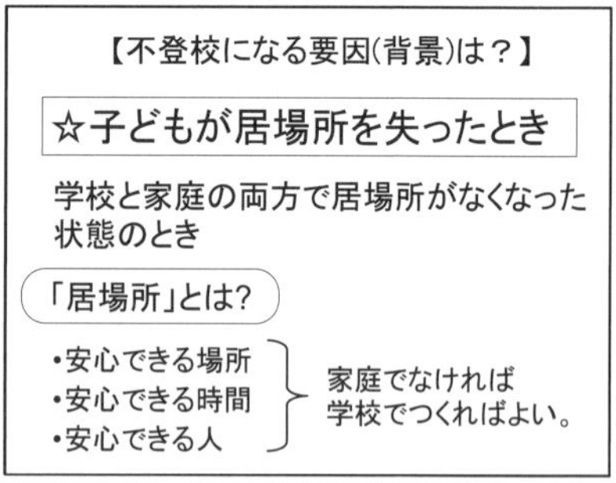

## 2　不登校段階における教師の働きかけ

個人によって時期の長短はあるが、次のような経過をたどることが多い。教師の本人や保護者への働きかけや学校の対応について、参考にしてほしい。

### (1)　サインを出し始める時期

まだ遅刻・欠席などの形には現れていないが、元気がなかったり一人でいたり保健室に通ったり等、今までとはどこか違うところが感じられる。

＜本　人＞　本人のことを心配していることが伝わるような声かけをする。

＜保護者＞　心の状態について、保護者から情報を集める。

＜学　校＞　関係する教職員で協力してかかわる。

### (2)　欠席が目立つ時期

休み明けの遅刻や欠席が目立ち始めたら、本人へのかかわり方を保護者としっかり話し合い、本人との安定した関係づくりに努める。

＜本　人＞　原因追及より、本人のストレス軽減を第一に考える。

＜保護者＞　干渉を控えるなど、家庭では本人の意思を尊重してもらう。

＜学　校＞　学校内で、本人の居場所(時間、場所、人)をつくる。

### (3)　休み始める時期

家庭では、登校をせまる保護者との衝突が激化し、保護者は自らの対応に不安を抱くとともに、学校への不満や不信感を募らせる。そのため、働きかけの目標を再登校から本人の心理的安定へと換え、保護者の支援に重点を置く。

＜本　人＞　負担にならない程度に家庭訪問や電話をする(短時間で)。

＜保護者＞　連絡をとり、学校とのつながりをもつ。

＜学　校＞　保護者にSCや相談機関等の紹介を行う。

### (4)　自分の世界を大切にする時期

学校や家族との接触を避けようとし、しばしば昼夜逆転した生活になる。停滞期になるが、再登校までの過程であることを保護者も教師も心に留めておく。

＜本　人＞　本人の意思を尊重し、家庭訪問や電話で緩やかにつながる。(頻度は保護者と相談)

＜保護者＞　保護者の負担にならない程度につながりを保つ。

＜学　校＞　本人の存在感を教室内で維持する。

### (5)　外に意識が向き始める時期

比較的安定し、興味があることに気まぐれながら自発的に取り組む。少しずつ外出ができるようになり、学校からの接触に対する抵抗も弱まってくる。

＜本　人＞　・本人との雑談を大切にする。
・物足りないと感じる程度の学習プリントを渡す。(手紙の役割)

＜保護者＞　好転の兆しを伝え、これまでの保護者の労をねぎらう。

＜学　校＞　・本人の了解を得て、仲のよい友達との接触の機会を用意する。
・登校に向けて、学校側の準備(登校する部屋、かかわる教師、与える課題等)を始める。

### (6)　学校に足を向け始める時期

気分によって、時々登校が始まる。別室登校の形態を取るのが一般的である。再登校した初日は緊張と頑張りから、翌日は欠席することも想定しておく。

＜本　人＞　無理をさせず、本人と合意できる目標を立てる。

＜保護者＞　保護者へその日の学習内容や活動等を知らせるが、過剰な期待をしすぎないよう伝え方に配慮する。

＜学　校＞　・せっかく来たのだからと長く留まらせすぎないように本人と決めた時間を守る。

・別室に長時間一人にすることがないようにし、徐々に複数の教員がかかわる。
・登校していることを同級生に知らせることについて、本人の了解を得る。
・本人の希望を聞いて、仲のよい友達に別室を訪問してもらう。
・授業時間中など、部屋の外に出る機会をつくる。
・出られそうな授業について話し合う。

### (7)　教室に入れるようになる時期

教室で授業を受けることができるようになるが、まだ週に1・2回の欠席が見られる。休まずに登校できるようになるまでは数か月かかることが多い。

＜学　校＞　・本人を含めた学級指導を行う。(無理のない人間関係づくり)
・友達関係に留意するとともに、本人の意思を尊重しつつ、無理のない程度で補習課題を与える。

## 3　かかわる時の留意点

### (1)　本人が決める

家庭訪問や電話連絡の頻度は、本人の意思を尊重する。本人の気持ちが聞けない場合は、家庭訪問や電話連絡をした後の様子を保護者に尋ねよう。部屋に閉じこもったり人や物に当たるような態度が見られたら、今はかかわってほしくない時期と捉え、回数を減らして手紙に一言コメントを添える等緩やかにつながる方法を考える。訪問等の頻度について保護者と直接話し合うのもよい。

学校での授業のプリント等を毎回届けることが、本人の負担になっている場合もあるので、どのような方法と頻度で届けるかは、保護者と相談しよう。

### (2)　登校の約束はせず、雑談でつながる

教師は学校に来てもらいたい思いが強いために、つい登校の約束をしてしまいがちである。しかし、子どもにとっては、約束が守れないことでますます学校に行きづらくなってしまう。登校の約束は、子どもを却って追い詰めてしまう。常に教師と安心して話せる関係を築くことを意識し、本人が興味のある雑談でつながろう。

### (3)　保護者を支える

欠席が続くと「このまま学校に行けなくなるのでは」という不安や、家庭内での親子関係の悪化から苛立ちや学校への不信感が増してくる。本人と話をすることが難しくなっても、保護者とは連絡をとり、学校とのつながりを保つように心がける。ただし、毎朝学校に欠席連絡をしてもらったり、夕方になると電話でその日の様子を尋ねたりすることは、保護者を一層追い詰めることになりかねない。本人同様に保護者の気持ちを尊重し、家庭訪問や電話連絡、手紙を届ける頻度等は保護者と話し合い、緩やかにつながることを意識しよう。

最初は担任が保護者の話を聞くが、何回か相談した後に、「もしよければ専門的なスクールカウンセラー（SC）や相談機関（県教育センター等）の方にお話を聞いてもらうこともできますが、いかがですか？」と相談相手の選択肢の一つとして専門スタッフ等を紹介するとよい。ただし、SCや相談機関に相談するとすぐに再登校できるのではなく、保護者の情緒が安定することで本人の気持ちが落ち着き、それが再登校へつながることもある。まずは担任自身がSCや

相談機関に相談してみることで、保護者にも紹介しやすくなるだろう。

## 4　発達障害等が背景にある場合の対応

### (1)　発達段階での状況

発達障害等が背景にある場合、小さい頃から集団での不適応を抱えながら、頑張って毎日登校している子どもたちもいる。

＜小学校中学年頃までの様子＞

学校でしんどい思いをしていても、周りの大人たちから学校へ行くように言われ、毎日登校することをパターンとして学習しているために、学校を休むことができない場合がある。中には、「授業中は教室から出てはいけない」と思っている子や、大勢の場が苦手なために休み時間には誰もいない部屋に行って一人になることで、なんとか授業中は教室にいることに耐えている子もいる。そのため、学校には行くがうまく適応できずに、離席やパニック、他児とのトラブル等の行動に現れることがある。

＜小学校高学年・中学校の頃の様子＞

何かのきっかけで、ある日突然登校を渋ったり学校に行けなくなったりする。本人に話を聞くと、行けなくなった理由を話してくれることがある。下記のように、特性による不安感・不快感が要因であることが多く、教師のかかわりによっては不登校を未然に防いだり改善につながったりするものもある。

再登校や教室復帰を優先させるのではなく、障害特性による困難さへの対応を見逃さないようにする。そして、学習面・行動面・生活面での困難さに対する支援を行いながら、少しずつ改善・克服していくための指導も大切である。

〔学校に行けなくなった理由例〕

・欠席した日に担任から連絡がなく、宿題が分からなくてできなかった。

・制服の首まわり（ラベル等）が苦しくて、制服を着ることができない。

・先生の一方的な話を聞きながら、ノートを書くことができない。

・宿泊学習の自由時間に何をすればいいのか質問しても教えてくれなかった。

・先生に「ドリルができないと夏休みが来ない」と言われた。

・他の教室の前を通る時にみんながジロジロ見るから教室に行けない。　等

### (2)　障害特性への支援と心の支援

障害特性に応じて、子どもの混乱や不快感を最小限度にとどめるための環境面での支援と、学校で「安心」して過ごせるための心理的な支援の両方の手立てが必要である。支援のポイントは、不安を「安心」に変えることである。

感覚過敏や不安・緊張の高まり等、特性に応じた環境調整を行うことによって、再登校につながることもある。また、見えないものは理解しづらい特性から、情報を視覚化して示したり具体的な短い言葉で説明したりすることで理解しやすくなる。苦手なことについては、代替手段や補助的道具を用いるとよい。

一方、心のサポートも忘れてはいけない。大勢の場が苦手なために刺激が少ない「安心」できる場所を用意するとともに、「安心」して話ができる人、助けを求められる人が学校にいることで、「安心」して学校生活を送ることができる。

## 5　チーム支援

決して担任一人で抱え込まず、早い段階で学年主任等周りの教職員に相談しよう。また、本人や保護者の情緒の安定のためには「心の専門家」であるSCに、家庭環境の改善には「福祉の専門家」であるスクールソーシャルワーカー（SSW）に相談し、常に連携しながらかかわることで、より多くの情報を得て的確な支援を行うことができる。複数の支援者が、共通の目標を持って、役割分担しながら子どもの支援に当たることは、次のようなよさがある。

○子どもに関するたくさんの情報が集まる。

○支援者自身が支えられている。

○一貫した方針で子どもにかかわる。

同時に、保護者もチームの一員であることを忘れてはいけない。

**【参考文献】**

・香川県教育委員会（2015）「ありまままの自分でいられる学級をどの子にも～不登校対応、今、大切にしたい『３つのアプローチ』～」

（山本木ノ実）

# Ⅳ　保護者とのよりよい関係づくり

## 1　保護者の思い

相談機関に寄せられる教育相談の内容では「学校・教師関係」の相談が多い。保護者は、教師のどのような言動で不安になったり傷ついたりするのだろうか。それに対して、教師はどのように対応すればよいだろうか考えてみよう。

### (1)　保護者が不安になるとき

・連絡帳に手紙を書いても返事がない。

保護者からの手紙に対しては、その日のうちに必ず一言でも返事を書こう。

・いじめの相談をしても、何も変わらない。

学校では、必ず何らかの対応をしているはずである。どのような対応をしているかを後日連絡して説明し、その後も随時学校での様子を知らせよう。

・支援をお願いすると、「○○さん一人だけはできません」と断られる。

要望に応えられない場合は、学校でできる代替案を一緒に考えよう。

・突然、家庭訪問に来る。

家庭訪問をする場合は、必ず事前連絡をして了解を得てから訪問しよう。

### (2)　保護者が傷つく担任の言動

・その日あったトラブルを、毎日電話で連絡する。

トラブルが続き、家庭への連絡が必要な場合でも、毎日学校からの連絡を受ける保護者の心情を推察し、一方的な伝達にならないように配慮しよう。

・忘れ物等、親への連絡を連絡帳に赤ペンで書く。

教師からのメッセージはずっと残るので、マイナスよりもプラスの内容を書くように心がけよう。保護者への連絡は手紙と同じなので黒ペンで書こう。

・席替えをしても、いつも先生の前の席にいる。

視力・聴力を配慮する場合には、本人と話し合って決めよう。教師の近くで支援したい場合には常に一番前に席を固定せず、周りの友達の様子を見て自分から動けるような座席配置を考えよう。

・病気で欠席をしても、担任から何も連絡がなく、手紙等も届かない。

病欠の場合は、その日のうちに電話連絡をして体調を尋ねたり連絡事項を伝えたりしよう。

### (3)　不安が安心に変わる信頼づくり

保護者が学校へ電話をかけるのは、何か不安がある時である。その時の教師の対応が、その後の保護者との関係性に大きく影響する。多忙な中での保護者対応は、時間をとられ、教師にとって負担に感じるかもしれない。

しかし、不安な時ほど温かく丁寧に対応してもらえると、不安が安心に変わる。反対に、そっけなく対応されると、益々不安が増してくる。つまり、教師の対応によって、不安が不満になったり、安心が信頼へと変わったりするのである。教師に余裕がない時ほどそっけない対応になりがちで、教師の何気ない言動が不満をあおることもある。保護者との関係がうまくいかない場合は、保護者を責めるより、まず自分の対応を振り返ってみよう。保護者から相談があったときには、最初にしっかり時間をかけて、温かく丁寧な対応を心がけよう。

## 2　保護者の思いを受けとるために

保護者には、子ども以上に複雑化・多様化した背景がある。それにより、子育てのしにくさを感じたり自分だけで子育てや家庭の悩みを抱え込み、誰にも相談できずに困っている保護者もいる。

そうした保護者が唯一相談できるのが、学校であり教師なのである。学校へ一本の電話をかけるために、不安や戸惑い、あせり等の複雑な思い抱えながら、過大な「エネルギー」と「時間」をかけて学校へ相談してくるのである。それでも、子どものために何とかしたいという保護者の気持ちを教師が想像し、助けを求めてくる保護者の思いを推し量ることが大切である。

## 3　保護者対応の基本

保護者とかかわる時には、次のことを常に心にとめておこう。

### (1)　3つの原則

①自分を相手の立場に　……自分が保護者ならどうしてほしいだろうか
②教職員一人一人が学校の顔　……自分の対応は学校としての対応となる
③保護者の言葉はヒント　……これまでの自分を振り返るチャンスである

### (2)　5つのポイント

①明るく丁寧なあいさつをする

　保護者と話すときの第一印象を大切にしよう。

②「ねぎらい」と「感謝」の言葉をかける

　保護者が時間とエネルギーを使っていることを忘れないようにしよう。

③しっかりと話を聞く

　保護者の「話したい」、「伝えたい」という思いを大切に受け止めよう。

④保護者の気持ちを受け止める

　言葉や態度の奥にある伝えたいこと・分かってほしいことに目を向けよう。

⑤保護者が安心できるように終わり方を配慮する

　「来てよかった」、「話してよかった」と思える終わり方を心がけよう。

### (3)　保護者を受け止める言葉

○感謝　　「よく来て（話して）くださいました。」

○ねぎらい「今までよくやってこられましたね。」

○共感　　「それは心配ですよね。」

○継続　　「これからも一緒に考えていきましょう。」

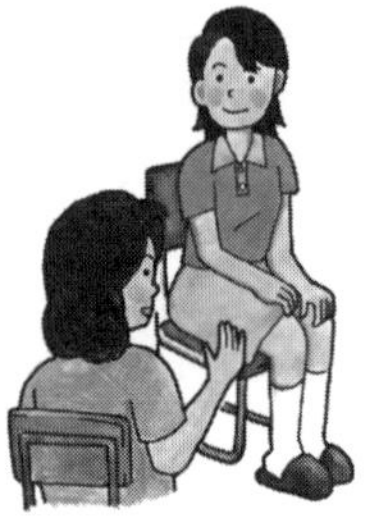

## 4　保護者とよりよい人間関係を築くために

保護者とのよりよい人間関係は、子どもとのよりよい人間関係につながる。教師と保護者の関係がよいと保護者の情緒が安定し、それによって子どもの情緒も安定して行動も落ち着いてくる。

### (1)　教師は聞き役となって保護者の話に耳を傾ける

まずは、保護者の話をしっかり聞くことである。保護者が話をしている時に、口をはさんだり事実説明をしたりすると、保護者の不満をあおることになりかねない。それよりも、保護者を不安にさせたり、苛立たせてしまったりしたこと（心理的事実）について謝罪することが大切である。

保護者の話をしっかり聞いた後、解決に向けて保護者と一緒に考える。保護者から「先生、どうしたらいいですか」と尋ねられるかもしれないが、それは教師にアドバイスを求めているのではなく、気持ちをわかってほしいという訴えである。即答するのではなく、「一緒に考える」姿勢を忘れないでほしい。

### (2)　子どもの長所を保護者に伝える

学校で困ることを親に伝えると、親が子どもを叱り、子どもに不満がたまって学校で荒れる悪循環を繰り返す。一方で、学校で頑張っていることを親に伝えると、親が子どもをほめ、子どもはまたほめられたいために、学校でほめられた行動を繰り返すようになる。プラスのサイクルに変えていくことで、子どもも保護者も情緒が安定し、子どもは望ましい行動へと変化していく。

例)・連絡帳に、子ども宛のほめるメッセージを書く。
　⇒子どもは嬉しくて連絡帳を親に見せ、親からほめられる。
　・廊下で一人の時に声をかけ、名前を呼んで具体的に子どもをほめる。
　⇒声をかけてくれた先生のことを親に話し、親も先生に信頼を寄せる。

## 5　保護者とかかわるときの留意点

・保護者からの相談は、最初にしっかり時間をかけて聞く。
・来校した場合は、誰も入室しない部屋で聞く（入口に「相談中」の札を）。
・その日のうちに、学年主任等に報告する。
・家庭訪問をする場合は事前に連絡をし、場合によっては複数で訪問する。
・回答を求められた場合は即答しない。「学校で検討して後日連絡します」
・学校でどのような対応をしたかを後日必ず連絡する。
・相談後も保護者と連絡を取り合い、解決に向けて一緒に考えていく。

保護者との連携で大切なのは、連携を求める者同士が互いに尊重し合い、敬意を払うことである。これまでずっと子育ての苦労を重ねてきた保護者の思いに共感しようと努力し、「目の前にいる人の味方」になって話を聞くことが大切である。学校だけで抱え込まず、相談機関を活用することも一つの方法である。

【県教育センター等の相談機関の活用】
①子どもや保護者の相談　　※子どもや保護者に紹介する
　子ども電話相談、子育て電話相談、24時間子供SOSダイヤル
　子どものネットトラブル相談、メール相談、FAX相談、来所相談　　等
②学校へのコンサルテーション　　※学校から相談する
　電話、面談、訪問等により学校での問題について専門的な助言を行う。

**【参考文献】**

・香川県教育センター（2011）「教職員のためのサポートブック１　保護者とのよりよい関係を築くために」

（山本木ノ実）

## コラム5 ちょっとした配慮をする

（池西郁広）

# 第4章

## 学級経営の実際

# Ⅰ　私の学級経営実践事例Ⅰ
## ～子どもと目指す姿を共有しながら進める学級経営～

### 1　学級が目指すところを具体化・共有化することの重要性

#### （1）　学級経営に対する担任としての思いや願い、覚悟を子どもたちに！

【担任の思いや願いを表現した前面掲示】
（藤上、2015、159頁）

「私の世界とあなたの世界をつなぐ」ということを表した右図は、小学校教員をしていた際に活用した、担任としての子どもたちへの思いや願いを表現した教室前面の掲示である。学級経営に関する考えや手法は様々あるが、子どもたちを縁あって預かったこの1年間、子どもたちの成長をどう願い、どのような学びの場を提供し、どのような学級を創造していこうと担任として決意しているのかということを、私はこのように形に表した。なぜなら、担任の思いや願い、期待を見える化することは、子どもたちの学びや成長を保障し続けるための拠り所になると考えていたからである。

この掲示を用いた時は、学級開き2日目に、この掲示を見せながら、「一人一人がもつ『私の世界』をつないで、多様な見方・考え方、『あなた』の魅力等にふれ、より素敵な自分を創造･更新できる学級を創りたいと、私は思っている」「誰かではなく、一人一人に力を付けていくのが、先生としての使命だと私は思っている」という子どもたちへの思いや願い、教師としての覚悟を伝えるようにしていた。これは、子どもたちへのメッセージでもあるが、教師としての自分自身もそれを実現できるように成長しなくてはいけないという気持ちを奮い立たせるためでもあった。「こんな学級を創りたい」と言うのは簡単だが、本当に創造するのはたやすくないということを様々な失敗をもとに身にしみて感じ、教師が学び続けることの重要性を実感し続けてきたからである。

ちなみに、学級開き2日目に伝えた理由は、このような掲示を1日目にしておくと担任発表の前に、子どもたちは誰が担任か予想と的中させてしまいがちだからである。1日目は、教科書や関係書類等の配付、荷物の移動等に追われ、あまり落ち着いて子どもたちと向き合う時間がないため、短時間で、この1年間は、この先生と楽しく過ごせそうだと思わせるような出会いを演出するように心掛けてきた。もちろん、「人の心と体、命を傷つけることはどんなことがあっても許さない」ということも楽しい学級になるための前提として伝える。

### (2)　重要なのは目指す学級像や子ども像等をお飾りに終わらせないこと

子どもたちとの出会いの場や黄金の３日間と言われる日々では、教師は学級経営に対する思いや願いについて語るものの、その後に、それらを子どもたちと共有する場面をつくらなかったり、教師が求める姿を「こうあるべき」と押しつけたりする等していくと、子どもたちと教師の思いがどんどんずれていく。そうならないために、私が一番大切にしていたことは、子どもたちと目指す学級像や子ども像等を具体化・共有化していくことであった。「どのように目指す学級像・子ども像をつくっていくか」も大切であるが、「どのように目指す学級像・子ども像を具現化していくか」を重要視していたのである。

いくらすばらしい目指す像を掲げたとしても、それは抽象度の高い、どの学級にもあてはまるようなものになりがちである。また、決定したものを掲示するもののそこで満足してしまって、ただのお飾り状態になってしまう場合もある。そうならないためには、日々の学校生活の中で、目指す像を具現化した姿とは具体的にどういうものなのか、そうなるためにはどういうふうにしたらよいのかということを、子どもたちと具体化・共有化していく必要がある。

## 2　学級が目指す像を具体化・共有化する手立ての例

### (1)　授業場面における例

例えば、「友達を大切にする子ども」を目指すとしたら、授業の中における子どもたちのやりとりの中から、その姿を具現化した言葉や行為等を見取り、価値付け、抽象度の高い言葉である「大切にする」のイメージを学級全体で具体化・共有化していく。ここで重要なのは、教師が目指す像の具体的なイメージをあらかじめもっていることである。子どもは教師の予想を超える力量をもっているので、予想していなかった姿が現れた時には、「そういった姿もあるね。先生も勉強になった。」というように、共によりよい学級を創造する同志であるという意識も忘れずにもっていたい。

見取り、価値付け、具体化・共有化する活動を繰り返していくと、教師ではなく、子どもたちで仲間の言葉や行為等を価値付け合い、目指す像を具体化・

共有化できるようになっていく。そして、子どもたちが自分の言葉で、目指す像について語ることができるようになっていく。

以下に、「友達を大切にする子ども」を目指している学級という設定で、具体的な場面における具体化・共有化の例について挙げる。

①例１：「友達の意見の続きを説明する」という場面で

【「友達の意見の続きを説明する」場面】

右図の①のように、発言していた子どもが黙ってしまった際に、学級の子どもたちは、どんな反応をするだろうか。右図の②のC2のように、そのような状況の子どもに寄り添う発言をする子どもがいたら価値付けたい。また、C1のように、自分に寄り添ってくれた友達に対して、素直に感謝の気持ちを表現できる子どもがいたら価値付けたい。これが「友達を大切にする」ことを具体化した言動であることを学級全体で共有し、広げたい。以下は、価値付けの例である。

＜Ｃ２の価値付け（例）＞

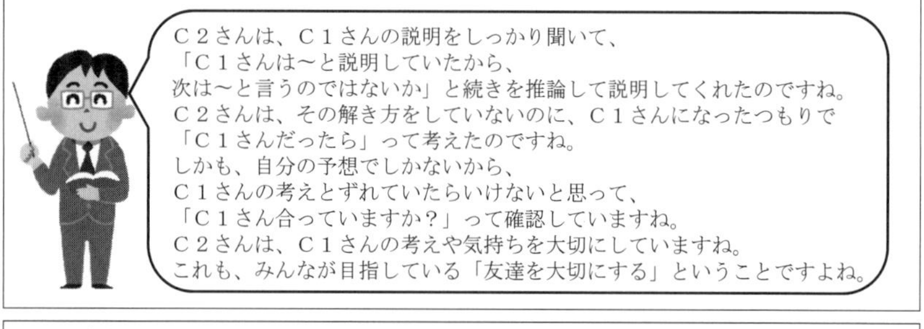


＜C1の価値付け（例）＞

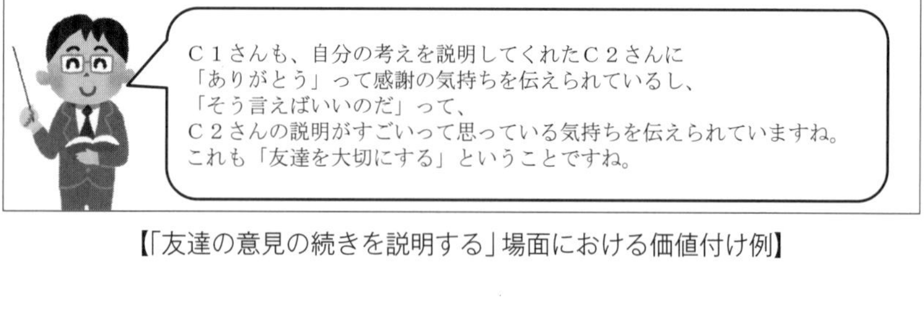


【「友達の意見の続きを説明する」場面における価値付け例】

ここでは価値付け例を紹介したが、全て教師が価値付けるのでは子どもたちの学びの機会を奪ってしまう。子どもたちが「友達を大切にする」ということの具体を増やしていく過程の中で、「私は（教師）、今、○さんの発表の中ですごいなと思うところを見つけました。それはどこだと思いますか。」「今、△さんは、○さんの発表を聞いて『すごい』とつぶやきましたが、どこを『すごい』と思ったのですか。」等というように、子どもたちの言葉で友達の素敵なところを表現できるようにしていきたい。学級は、教師だけが創っていくものではなく、子どもたちと共に創っていくものである。子どもたちが発する言葉を大切にして、目指す像を具体化・共有化していきたい。

**②例２：「友達の意見をリボイスする」ように促す場面で**

C1、C2、C3の３人共に、「友達を大切にする」発表や発言ができている。しかし、それを本人は自覚していなかったり、学級の他の子どもたちも、そのように捉えていなかったりする場合もある。このような発表や発言をした際には、C2に対しては、C1の考えを忠実に再現できるほどきくことができたこと、C3に対しては、C1の考えを自分なりに解釈し別の言葉で説明できたことを価値付けたい。さらにC1に対しては、きく側を意識して、リボイスしやすい話し方ができたことを価値付けたい。

このように、目指す像と日々の授業における子どもの姿がつながっていくようにすることが大切である。

【「友達の意見をリボイスする」ように促す場面】

**（2）　教師の思いや願いを伝える場面における例**

例えば、先ほど挙げた「『私の世界』と『あなたの世界』をつなぐことができる学級になってほしい」という担任の思いや願いを伝える際には、次の頁の図のような活動も考えられる。

①「私の世界」と「あなたの世界」をつなぐために必要なことについて予想する。

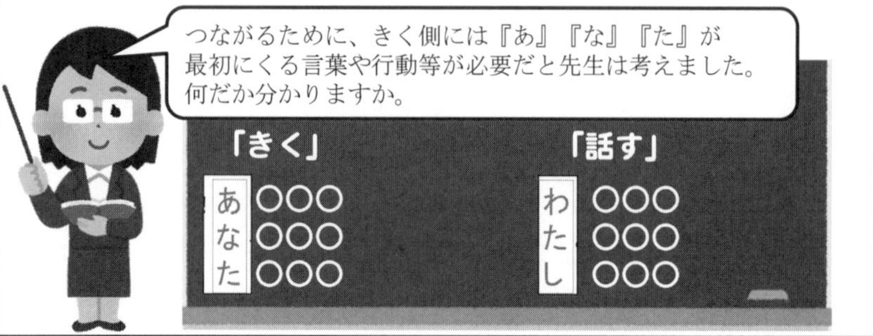


②「私の世界」と「あなたの世界」をつなぐために必要なことについて予想して発言する。

③（省略）

④担任の考えを伝える。

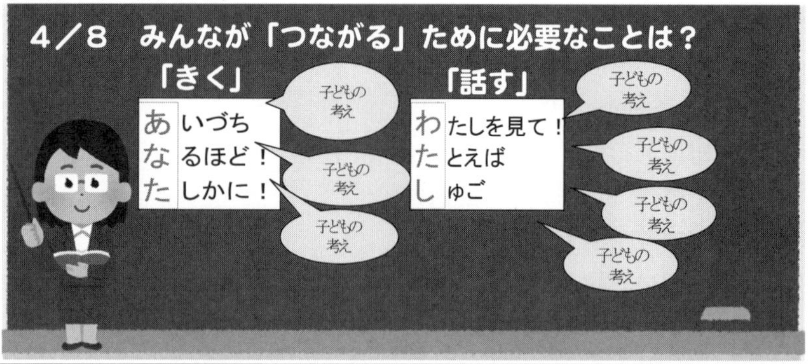


【教師の思いや願いを推論させる場面の例】

　ここで留意しなくてはならないことは、子どもたちが考えたことを大切にせずに、担任の考えを押しつける活動にならないことである。以下の図のように、子どもたちの発想の良さを価値付けるとともに、「目指す像は自分たちが創造していくのだ！」という意識をもつことができるようにしていきたい。新たな価値を他者と共に創造できる人材が求められている今、「結局、答えは先生がもっている」「私たちの考えなんて、先生は実は求めていない」等というのではなく、「自分たちで学級を創造していくことができる」という実感をもたせたい。

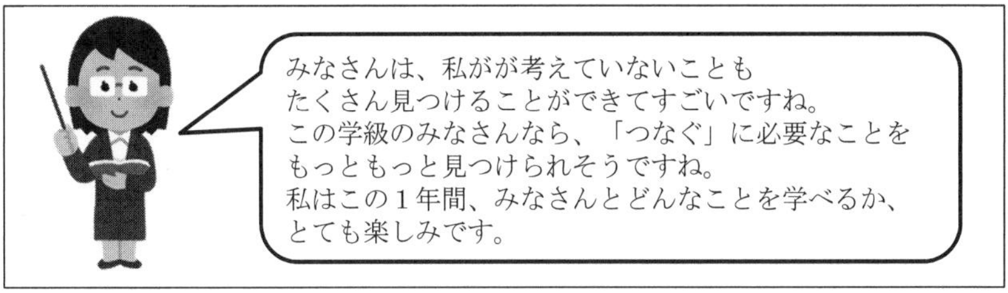


**【お薦めや参考になる図書】**

・桂聖・川上康則・村田辰明編（2014）「授業のユニバーサルデザインを目指す　『安心』『刺激』でつくる学級経営マニュアル」東洋館出版社

**【引用・参考文献】**

・藤上真弓（2015）「一人一人に表現力・かかわり合う力の向上を保障するための手立ての研究～訊き合い、高まり合う学級を築き上げるために必要なことは～」山口大学教育学部附属教育実践総合センター研究紀要39号159頁

（藤上真弓）

# Ⅱ　私の学級経営実践事例Ⅱ
# ～地域に根ざし、子ども一人一人の自主性を育む学級経営～

## 1　人格形成を目指す学級経営

学級経営では、短期、中期、長期の視点に立ち、学校目標を踏まえた学級目標の実現に向けて、意図的・計画的に多様な取組を配する。言い換えると、日・週単位の取組、月・学期単位の取組、年単位で成長・発達をめざす取組と、先を見据えながら適宜、修正・改善を加えることで、子どもの人格形成に大きく寄与できることをめざすものである。

学級担任は、4月に学級開きをするにあたり、1年間を俯瞰しながら子どもたちの活動内容について、主に取組を継続すること、取組どうしを繋げること、取組を改善すること、などに留意したい。指導者として、取組の意図を確かめながら実践することが求められる。ややもすると、活動そのものをゴールに設定してしまい、元来その先にある人格形成に係るねらいへの意識が希薄になることを危惧すべきである。

### (1)　ビジョンの創造と共有化

学級目標は、学校目標を踏まえつつ、学級担任の願い、子どもたちの考えを包括的に含む内容が設定される。学級担任と子どもたちが、彼らの実態を自己理解したうえで、どのような人間像をめざすのかを、それぞれが当事者意識をもって話合いに参画し、時間をかけて丁寧に結論を導くことが肝要である。安易に多数決を用いて決するのではなく、成員が意見を出し尽くす視点を大切にした学級会活動を運営されたい。結論である学級目標を実現するうえで、子どもたちが自主的に活動に入れるように、内面的な理解を促すことが大切である。

### (2)　望ましい人間関係の構築

本事例は、山間の小規模校における実践である。学校目標に「明るく、たくましく、たのもしい生徒の育成」を掲げ、それを踏まえつつ学級目標を「和」とした。また指導の重点に「自分の行動に責任をもち、よりよい生き方を探求しようとする態度を育てる」を充てた。

「和」には、多様な意味が含まれている。中でも自己理解、他者理解を深めることで、互いに尊重し合える人間関係の構築をめざした。小規模校ならではの人間関係の固定化を解消し、いじめを未然に予防するうえからも、豊かな人権感覚を養うことを第一に考えた。違いを違いとして認め合える学級づくりを進め、人権意識を研ぎ澄ますことで、他者の尊厳を敬うことの重要性について新たな気づきが芽生え、行動化へと繋がり始めた。

### (3)　体験活動を生かした取組

学級経営では、短期、中期、長期の視点で計画を立て、それを実践し続けることが大切である。以下、取組を紹介する。

・短期　：学級いじめ対策委員会活動、学級運営委員会活動、ほか

・中期　：ハートメイル活動、校外美化活動、花いっぱい活動、ほか

・長期　：1年をふりかえる (Life Planning)、文集づくり、ほか

同時に学校行事として、植樹［枝打ち、木に関する学習会、挿し木、研修林の整地、記念植樹］、野外活動、平和学習会、小中合同運動会、社会見学、文化祭、避難訓練［応急処置講習会］、テーブルマナー講習会、凍り豆腐づくり［地域の伝統産業］、しいたけ栽培、などに取り組んだ。たくさんの取組ではあるが、これらを年間を通して整理することで、子どもたちが体験できる機会が過度な負担にならないように配慮し、その教育効果を見取りながら進めた。

また学校行事については、ねらいを明確にすること、取組を精選することに努め、地域の特性を生かしつつ、子どもの人格形成に寄与することを重視した。子ども自身が、「なぜ」この体験をしているのか、自分で考えることを意識させながら、それぞれの取組がもたらす価値を意味づけるための支援を行った。

## 2　実践事例にみる実際

学級では、意図的・計画的に、子ども一人一人がもつ個性、よさを適材適所で生かしつつ、企画運営を生徒に任せながら、学級活動の活性化を図った。また、道徳の時間と体験活動との連動化を進めるにあたり、道徳的価値と行為とを一元的に結びつける道徳の時間や学級活動を工夫し実践した。

### (1)　ハートメイル活動（心の便り）

学級の企画部の提案により、地域在住の高齢者の皆さんへのはたらきかけとして、ハートメイルを書き、やりとりを通して交流を深めた。手紙による情報

交換を進めた結果、学級に招待してその豊富な経験や地域の昔の様子などについて学習できた。

印象深い出来事として、地域で一人暮らしをする高齢者のUさんを招待した時、子どもからのプレゼントとしてリコーダーによる合奏をした。今もなお私の脳裏に焼き付いている光景が、そのUさんが曲がった腰の痛みをおして御辞儀をする姿と、涙腺から流れ落ちる一筋の涙である。招待を引き受けていただけるまで2年の月日を要したが、担当した子どもが発した言葉が、「諦めずに続けてきてよかった」、「とにかく喜んでもらえてよかった」であった。

本取組は、地域のことを知ること、そして地域の人と人とを繋ぐこと、子ども一人一人がこの役割を担い、それを全うすることで自己有用感を体得し、日常生活に還元していくのである。学級担任としては、子どもがもつ可能性を信じ、企画・運営を子どもたちに任せてやらせてみた。取組を実現していくうえで、指導者として黒子に徹し、その成果を子どもたちの自信に繋げることが、学級担任の役割である。結果を恐れず、焦らず、任せるということは、待ち尽くすことでもある。取組の進捗状況をきちんと把握できているのであれば、子どもが何につまずいているのかを見据えた支援が可能である。

加えてもう一人、地域の歴史を語ってもらえたTさんのケースを紹介する。地元で氷豆腐づくりに従事されていたことから、昔使っていた通いの台帳をはじめ細かい数字まで教えてもらうことができた。また、氷豆腐の歌まで飛び出し、子どもたちは新たな気づきを得た。(波線による下線部分) 以下、子どもの感想である。子どもが体験活動を通して、何を学び取れているのか、自分たちで創りあげた活動であれば、自分の考えと得られた情報との比較・検討が行われ、彼らの学びをより一層押し上げることができる。

**Tさんの交流を終えて**

3月4日に高齢者との交流会がありました。今回は私と文通しているTさんにお越しいただきました。テスト明けできちんとした準備はできなかったけど、まあまあうまくできてよかったです。

まず講話についての感想ですが、すごく勉強になりました。今回は昔氷豆腐を作っていたということで、そのことについてお話していただきました。2月17日には実際、私たちが氷豆腐を作っていたので、興味があって楽しかったです。昔の道具の名前や大きさなど、詳しくわかりました。話の中で面白かったのは、眠たくなると唄を歌って眠気を無くしたということでした。私は、眠いのになぜ眠たくなりそうな唄を歌うのかなぁと思いました。この唄をTさんが本当に歌ってくれたのは嬉しかったし、楽しかったです。それに唄を覚えているのには驚きました。きっと、自分が苦労して仕事をしていた時の唄なので、心に残っているんだと思いました。驚いたといえばもう一つあるのですが、それは昔と今の冬の違いでした。屋根の雪下ろしをするときは、1メートル以上もあると聞いたのでびっくりしました。そして、昔と今との自然の違いがよく改めて分かりました。

（以下略）

子どもたちが自ら体験を通して学び得た経験知（実線による下線部分）があればこそ、Tさんからの話に関心を抱くことができ、疑問が湧き出すのである。学びの原点は既存の知識と新たな情報との比較検討にあり、そこから関心・意欲が芽生え、その解決を図ろうとする学びへ向かおうとする力が発揮される。

### (2)　学級運営委員会活動

日々、学校行事や学級が抱える課題について、室長及び副室長を中心に、その解決をめざして、週1回の話合い活動を進め、計画を提案し、それを実行に移した。中でも学級のみんなが、互いに注意し合える学級づくりをめざした話合い活動の時間の提案は効果的であった。

提案をもとに生徒間で互いのよさを発見するとともに、改善して欲しい点を見つめ直させた。そして、ロールプレイや構成的グループ・エンカウンターの場を設け、子ども一人一人が、本音を引き出し語り合うことができた。互いに本音をぶつけ合ったことで、子どもたちのよさを生かすことができ、努力すべき点は改めていこうとする学級の雰囲気づくりの土台を築くことに繋がった。

こちらは短期（週単位）で取り組む中身である。朝の会や終わりの会の効果的な活用についても、本委員会に任せて自主運営を進めた。例えば朝の会は、場所を変えて体育館で運動した後に行うとか、合唱に取り組むなど、学級の全ての子どもが参画できることを意識させた。自分たちの学級は自分たちの意見を反映させて運営していくという流れを大切にすることが、全員が互いに尊重し合える学級風土を創りあげていく。

### 3　子どもが自主的に活動できる場と機会の保障

学級担任は、学級経営を介して子どもたちの成長・発達を支援する。ここで諸活動の対象が子どもであることを再確認する。中学生ともなれば活動の意図を確認することで、その運用については企画の段階から任せて、自分たちで運営するところまでやり遂げることを追求する。学級担任は常に、彼らの取組の進捗状況を見守り、適宜、支援のための助言を行い、彼らのモチベーションの維持に努めることが大切である。その際学級担任は、取組の状況を的確に診断し、できていること、課題として残されていること、について客観的な事実に基づいて指導にあたる。

**≫ 学級経営の教育的意義 ≪**

- **自分たちの力で生活の諸課題を解決**
- **人間的な触れ合い（児童生徒同士、教師）**
- **友だちと協力、チームで活動（いじめ防止）**
- **望ましい人間関係、学力向上の土壌づくり**
- **豊かな人間性・社会性（共生社会）**

【図1　学級経営のポイント】

また日々の活動をはじめ、学級内での活動、学校行事など、多様な場面を設けて、全ての子どもに対して年間を通して１回は何らかの役割を経験させたい。自分が所属する集団への帰属意識は、その中での存在感を認知することでもあり、その場と機会の保障によって、役割を全うすることによる自己有用感を認識できる。自分たちが所属する学級の課題を自分たちで解決していく力、自治的能力の育成を図るには、成員である子どもの帰属意識が重要な鍵を握る。ただし、集団の凝集性については、バランスを図ることが重要である。それは集団の流れについていけない子どもがいたとしたらその子どもがいじめの対象になりかねないからである。学級担任として、子どもたちの学級の雰囲気と彼らの心模様まで推し量りながら、学級目標の実現に向けた取組を進めたい。

**【参考文献】**

・片岡徳雄（1998）「心を育て感性を生かす」黎明書房
・奈良県吉野郡野迫川村立野迫川中学校（1997）「研究紀要」
・七條正典・齋藤宥雄（1999）「生徒の心に響く道徳授業の進め方」東洋館出版社
・杉田洋（2009）「よりよい人間関係を築く特別活動」図書文化
・高橋哲夫・森嶋昭伸・今泉紀嘉（2004）「『ガイダンス機能の充実』によるこれからの生徒指導、特別活動」教育出版
・香川大学教育学部附属高松中学校（1995）「豊かな体験に学ぶ授業づくり」明治図書
・東海市立上野中学校（1992）「体験が子どもを磨く」黎明書房
・山口満（1990）「特別活動と人間形成」学文社

（松岡敬興）

# Ⅲ　私の学級経営実践事例Ⅲ<br>～係活動を通して～

## 1　係活動で大切にしたいこと

学級がどの子どもにとっても安心できる場所であることは、学級経営の基盤である。そのために、教師は、子どもたちが学級で自己存在感や充実感を感じられるような場づくりを進めるようにしたい。その一つの取組が係活動である。

係活動は、特別活動に位置付けられる。特別活動においては、以下の３つの指導・支援を重視している。

① 児童生徒に「自己存在感」を与える
② 教師と児童生徒の信頼関係及び児童生徒相互の「共感的な人間関係」を育てる
③ 「自己決定」の場や機会をより多く用意し、児童生徒が自己実現の喜びを味わうことができるようにする

この３つを大切にした教師の指導・支援によって、子どもたちは目を輝かせながら係活動に取り組むようになる。小学校（中学年）での実践を紹介する。

## 2　子どもと共に係をつくる

教師が黒板に書いた「○○係」の下に、希望する子どもたちが名前磁石を貼り、希望が多い係についてはじゃんけんをしながら自分の係を決めていく。学期初めによく見かける光景だが、ここで少し工夫をして、以下のように当番活動と係活動の違いを子どもたちに伝えた。

**当番活動**…無ければ、学級のみんなが困る仕事
**係 活 動**…無くても困らないけれど、あった方が楽しい学級になる活動

そして、子どもたちに、どんな当番が必要か、どんな係があるとよいかを問いかけた。子どもたちはそれまで経験してきた係活動を、当番活動と係活動の２つに分けながら発表した。例えば、保健係や図書係を当番活動に、イベント係（お楽しみ係）や新聞係を係活動に位置付けていった。もちろん、子どもたちが気付きにくいけれど無くては困る当番活動や、思い付きにくいけれど活躍が期

待できる係活動については、教師からアドバイスとして伝えた。子どもと教師が一緒に係をつくっていくことが大切なのである。こうして、どの子どもにとっても必要感のある役割が黒板に並ぶと、教師が人数を設定してじゃんけんをさせるようなことは、ほとんど必要なくなる。子どもたちは、自分にとっての必要感の大きさや、自分の得意なことに合わせて、自分の役割を「自己決定」していくのである。

なお、低学年の最初においては当番活動を中心にし、高学年に近づけば当番活動と係活動の一人二役を任せるなど、子どもたちの発達段階に応じて、柔軟に係をつくっていくことも大切である。本実践では、一人二役を任せたが、係活動のみについて示すこととする。

## 3　係カードの作成と共有

活動への意欲が高まっている子どもたちも、活動内容がはっきりしていなければ、次第に意欲は低下してしまう。そこで、右のような係カードを各係に作成させた。その際、必ず以下の５つを書くように指示した。

・係の名前
・係のめあて
（どうやって学級をよくするか）
・係のメンバーの名前
・係の仕事
（いつ・どこで・何をするか）
・係からのお知らせ

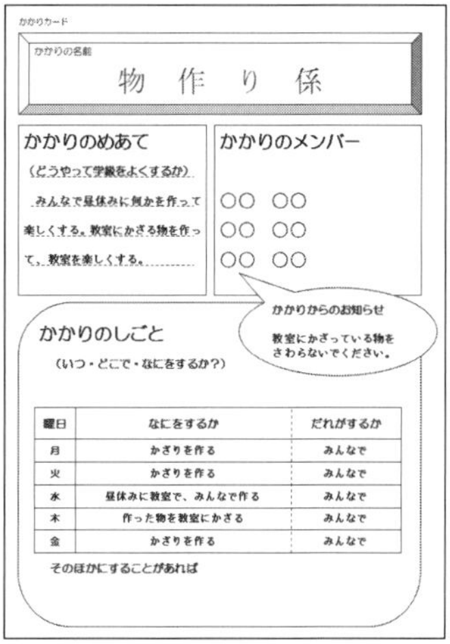
かかりカード
かかりの名前
物　作　り　係
かかりのめあて
（どうやって学級をよくするか）
みんなで昼休みに何かを作って楽しくする。教室にかざる物を作って、教室を楽しくする。
かかりのメンバー
○○　○○
○○　○○
○○　○○
かかりからのお知らせ
教室にかざっている物をさわらないでください。
かかりのしごと
（いつ・どこで・なにをするか？）

| 曜日 | なにをするか | だれがするか |
| --- | --- | --- |
| 月 | かざりを作る | みんなで |
| 火 | かざりを作る | みんなで |
| 水 | 昼休みに教室で、みんなで作る | みんなで |
| 木 | 作った物を教室にかざる | みんなで |
| 金 | かざりを作る | みんなで |

そのほかにすることがあれば

【係カード】

作成後、カードを教室の後方に掲示し、共有した。係カードは、随時、変更してもよいこととしたので、子どもたちは、他の係のカードを見て活動を改善したり、他の係と昼休みの活動が重なっているのを確認して仕事の内容を見直したりしていた。例として示したのは、工作の得意な３人が集まってつくった「物作り係」のカードである。教師が作った季節の掲示物を見ていた３人が、係活動として自分たちで掲示物を作って教室に飾りたいという思いをもち、できた係である。自分たちで飾りを作るだけでなく、週に1回は「折り紙教室」などを開催したり、教室の飾りをみんなで作ったりする機会を設定していた。自分の作った飾りが教室に掲示されるのを楽しみに参加する子どもたちも多く、活発に活動していた。

物作り係の子どもたちにとって、係活動は自分たちの得意なことを生かす場であり、学級のみんなが喜んでくれる姿を見ることで「自己存在感」を感じられる場となったと考えられる。みんなの知らないような折り紙の折り方を家庭で調べてきたり、飾りの作り方を示した説明書をみんなに紹介したりするなど、主体的な係活動が展開されていた。

【係活動の例】

| 係の名前 | 活動内容 |
|---|---|
| イベント係 | 昼休みのイベント（○○大会等）の準備・運営をする。<br>(例)「くじ引き大会」を行い、折り紙の景品を渡す。 |
| 誕生日係 | 毎月、誕生日の人を背面黒板に紹介し、その人のしたい遊びを昼休みに全員で行えるように呼びかけ、行う。 |
| 読み聞かせ係 | 係で本を選び、昼休みに読み聞かせを行う。読み聞かせの後、本の内容に関するクイズカードを配布する。 |
| 生き物係 | 生き物を係でつかまえたり家から持って来たりして準備し、学級のみんなに見てもらう。 |
| お知らせ新聞係 | 身近な出来事等を学級新聞にし、配布する。記事だけでなく、なぞなぞやイラストなども掲載する。 |
| お絵かき係 | 画用紙にかいた絵を背面黒板に掲示する。絵の内容についてクイズカードを作成・配布する。 |

既存の係活動の内容にとらわれることなく、子どもたちの得意なことや興味のあることが「みんなに喜んでもらえる活動」「みんなの役に立つ活動」として位置付くように、係をつくっていけばよいのである。

【物作り係の折り紙教室】

【読み聞かせ係の活動】

なお、時間割を変えるような活動や、お金がかかる活動、危険な活動はできないことを伝えておくことも大切である。

## 4　教師の支援

### (1)　意図的に称賛の声かけを行う

最初は意欲的だった子どもたちも、活動への熱が長く続くとは限らない。活動に取り組んでいる子どもたちに対して「～の準備をしているのだね。先生も楽しみだなあ。」と具体的に称賛したり、帰りの会などで、ある係の活動を取り上げて「○○係さんが、休み時間に集まって力を合わせて～していました。すごいなあと感心しました。」と具体的に紹介したりすることが有効である。価値ある活動を具体的に示しながら称賛することで、他の係の子どもたちも同様に取り組もうとするようになる。

ここで気を付けたいのは、係活動に取り組んでいない子どもたちを叱らないということである。係活動は「無くても困らない」ものであり、もしかすると学期に1回だけの活動になる係もあるかもしれない。それでも、その1回が子どもたちの主体的な活動であることに価値がある。活動ができていない要因には様々なものがあるが、係活動の初期には以下のような要因が考えられる。

・具体的な計画が立てられておらず、何をしてよいか分からない。

・係活動でみんなに喜んでもらえた経験（成功体験）に乏しく、意欲が低い。

このような場合には、最初は教師が具体的な動きをアドバイスしたり、意図的に成功体験を得られる場を仕組んだりする必要がある。その際も「～するのはどうかな。」と提案することに努め、子どもたちに活動内容を決定させることで「自己決定」の機会を用意したい。

### (2)　活動の場を整える

子どもたちの主体的な活動を促すためには、活動の場を整えておくことが大切である。そのキーワードは「時間」「物」「空間」の3つだと考える。

#### ①時間を整える

係活動ができる時間を確保する。朝の会や帰りの会、昼休みなどが考えられる。特に昼休みや帰りの会での係活動は、係同士で時間の取り合いになることがあるので、表にして掲示しておくとよい。

### ②物を整える

画用紙で掲示物を作ったり、折り紙でプレゼントを作ったりする係もある。生き物の飼育ケースが必要だという係もある。このように、様々な物が必要になるので、最初は大変だが、教師が準備しておく。例えば、教師が教材の準備に使った余りの色画用紙や、折り紙、裏が白紙のプリントの余りなどは、係が自由に使ってもよい箱に入れるようにする。そして、必要な物を使う際の手続きを子ども同士で伝え合えるように、仕組んでおくとよい。例えば、ある係が画用紙を必要としたとき、教師へのお願いの手順とどこから画用紙を取ればよいかを丁寧に伝える。その後、別の係が同様に画用紙を必要とした際には、「○○係に聞いてごらん。」と、先に教えた係の子どものところへ聞きに行かせるのである。こうすることには、教師の手間が省けること以上によさがある。子ども同士の関係を意図的につなぐとともに、手順を教えてくれた係の子どもに対し「教えてくれてありがとう。」と感謝を伝える機会をつくることにもなり、「共感的な人間関係」を育てられるのである。

最初はお金をかけて準備しようとしたり、色画用紙を無駄に使ったりすることもあるが、それを指導の機会ととらえて「どんな物を準備すれば喜んでもらえるかな。」と投げかければ、子どもたちは物を大切に使うようになっていく。

### ③空間を整える

教室の背面に「係活動のコーナー」を位置付け、子どもたちがいつでも係カードを見たり、自由にお知らせを貼ったりできる場所を確保した。また、昼休みに教室や体育館で活動する場合、教師がその場所を確保しておく必要がある。体育館などは学校全体に関わることなので、教師の調整が不可欠である。何曜日にどの係が教室を使うかなどについては、子ども同士で話し合う絶好の機会であり、決定したことは表にして掲示しておく。また、係ごとに様々な準備が進んでくると、作った物の保管場所なども整えておく必要がある。教室の

【教室背面の係活動コーナー】

ロッカーや引き出しに空きがあれば、必要な係にはそれらを割り当て、表示を付けさせる。そうすることで、自分たちの係の保管場所としての自覚が深まり、物を管理し、整頓することも学べるようになる。

### (3)　家庭への発信

子どもたちの係活動の様子を学級通信などで発信することで、家庭の理解と協力が得られる。例えば、以下のようなよさが見られた。

・家庭で係活動が話題となり、家族から活動のアイデアをもらえた。

・子どもたちの活躍の様子を保護者が知り、家庭で称賛する機会となった。

## 5　トラブルを指導に生かす

係活動が進んでいくと、昼休みや帰りの会の時間を係同士で取り合うトラブルが必ず起こる。それは係活動が活発になった証拠であり、子ども同士で話し合い、折り合いをつけて合意形成することの大切さを学ぶ機会でもある。下の写真のような表を準備し、係同士で相談して調整できるようにしておくことで、子どもたちは折り合いを付けながら、活動する曜日を決めていった。掲示用にきれいな表にまとめる必要はなく、むしろ、一度書いては消して新たな曜日に書いたり、他の係と相談して同じ曜日に活動することにしたりした跡が残る表の方がよいだろう。それこそが、子どもたちが合意形成に至った過程を示すものだからである。教師は、その解決の過程を称賛し、子どもたちが自己実現の喜びを味わえるように心がけたい。

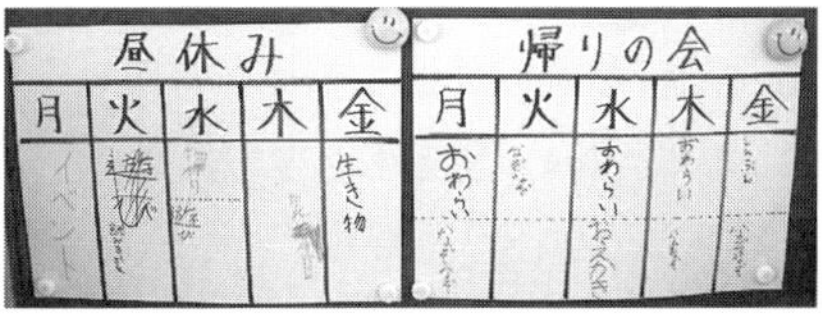


【昼休み・帰りの会での係活動表】

**【引用・参考文献】**

・文部科学省（2015）「生徒指導リーフ　特別活動と生徒指導Leaf.6」

・文部科学省（2017）「小学校学習指導要領解説　特別活動編」50-51頁

・香川大学教育学部・香川県教育センター（2014）「達人が伝授！すぐに役立つ学級経営のコツ」24-27頁

（清水顕人）

## Ⅳ　多様な対応力の向上を目指して<br>～日常での場面指導～

学校では、日常様々な出来事があり、その都度教師には、臨機応変な対応が求められる。全体へ指導するか個別に指導するか、その場で毅然と指導するか後でゆっくり話を聞くか、要望にすぐに応えるか回答を保留して学校全体で検討してから後日連絡するか等、その時にどのような対応をするかは、自分で判断しなければならない。

どのような対応がよいかは、その場の状況や相手によって異なり、正解は一つではない。教師に大切なのは、的確な判断力と柔軟性である。児童生徒の成長のためによりよい対応は何かを常に考え、相手のプライドを傷つけずに、その後も良好な関係が保てる対応を心がけよう。

その時に大切なのは、児童生徒の発達段階の特徴について理解しておくことである。一人一人異なる資質や特性があって成長には個人差がある一方で、発達段階において共通して見られる特徴もある。同時に、個々の生活環境等による心の問題への配慮も必要である。

**＜小学校下学年＞**

・「大人が『いけない』と言うことは、してはいけない」といった、大人のいうことを守る中で善悪を判断できるようになる。

・言語能力や認識力が高まり、自然等への関心が増える。

**＜小学校上学年＞**

・自己肯定感を持ち始める時期であるが、反面、発達の個人差から劣等感を持ちやすくなる時期でもある。

・集団活動に主体的に関与したり、自分たちで決まりを作ってルールを守る一方で、仲間集団が発生し、同調する行動が見られる場合もある。

**＜中学校＞**

・親や友達と異なる自分独自の内面の世界があることに気づき始める。

・大人との関係よりも友人関係に自らへの強い意味を見出す。

・仲間同士の評価を強く意識する反面、他者との交流に消極的な傾向もみられる。

（文部科学省　2009）

次頁より示す場面指導例では、校種や学年を示している。児童生徒の発達段階を踏まえて下記の留意点を参考にしながら、どのような対応をすればよいか練習してみよう。

**【学級全体への対応】**

・話す要点を２～３つに絞り、板書等を使って短い言葉で具体的に話す。

・主体性を大切にする活動については、まず児童生徒の意見を聞いてから、一人一人に考えさせたいことを全体に問いかける。

・いじめにつながる恐れがある行為は、その場ですぐに止め、毅然とした態度で指導する（いじめが疑われる場合は、すぐに報告し組織で対応する）。

・状況により、全体指導だけでなく、後で個別に話を聞くなどしてフォローをしっかり行う。

**【異学年活動時の対応】**

・上級生としてのプライドを傷つけないように配慮し、毅然として指導すること、サポートすることを見極める。

・異学年活動で起こったトラブル等は、どのような状況で何が起こりどのように指導したかをそれぞれの担任にその日のうちに報告する。

**【気になる子への対応】**

・すぐに注意するのではなく、まずは児童生徒の話をしっかり聞く。

・指示するのではなく、どのようにすればよいかを一緒に考える。それができた時には、その場でできたことを具体的な言葉にしてしっかりほめる。

**【保護者への対応】**

・客観的事実確認をする前に、保護者への心理的事実（不安にさせたり苛立たせてしまったりしたこと等）に対して謝罪する。

・こちらが先に話さずに、まずは保護者の話をしっかり聞く。

・事後の対応について、後日説明する（いつ連絡すればよいか確認する）。

・自分だけでは対応しきれないことは、学年主任等に相談する。

**【地域の方への対応】**

・まずは連絡をくださったことにお礼を述べる。

・どのような状況であったか、しっかり話を聞く。

・匿名の場合は、こちらからしつこく名前を聞かない。

・登下校中のことについては管理職に報告し、校外巡視を行って確認する。

## 小学校

### 【学級全体への対応】

1. 小1　授業中、「トイレに行きたい」と言ってきた子がいます。あなたはどうしますか。
2. 小6　学級開きの日、あなたはどのような話をしますか。
3. 小3　明日から夏休みです。夏休みの過ごし方についてどのように話しますか。2点か3点にまとめて話してください。

4. 小6　1泊2日の修学旅行から全員無事に帰ってきました。お迎えの保護者がいる前で、児童に話をしてください。
5. 小4　児童の要望で、初めて児童だけで席替えを決めることになりました。決める前に、あなたはどのような話をしますか。
6. 小2　生活科の時間、今から1年生と初めてのペア学習です。あなたはどのような話をしますか。
7. 小5　クラスに転入生が来ました。初めての顔合わせです。クラスの児童に紹介して、話をしてください。
8. 小6　学級活動の時間に、1学期を振り返って自己評価をします。どのような話をしますか。
9. 小3　保健室での体重測定を行う時間となりました。教室を出る前に児童に一言、指導をしてください。
10. 小1　はじめての給食の時間です。児童にどのような話をしますか。
11. 小4　学校に先週1週間体調不良で休んでいた児童が来ました。朝の会で話をしてください。
12. 小5　清掃場所を決める際に、トイレを誰も引き受けたくないということでなかなか決まりません。担任としてどうしますか。
13. 小1　昼休みに児童から、「休み時間に遊んで運動場から帰ってきたら、上靴がありません」と申し出がありました。担任としてどうしますか。クラス全員に話をしてください。

14. 小4　図工の時間に初めて彫刻刀を使って版画をします。児童に話をしてください。

15. 小3　書写の時間に初めて毛筆をします。児童に話をしてください。

16. 小4　学校の図書館で借りている本をクラスの数名が鉛筆で書き込んでいることがわかりました。児童に指導をしてください。

17. 小3　理科室での初めての学習です。教室を出る前に指導をしてください。

18. 小5　環境について調べる校外学習で近くの川へ行きます。出発前に児童へ指導をしてください。

19. 小6　運動会が終わり教室に帰ってきた児童に、学級目標かクラスのスローガンに関連させて、話をしてください。

【異学年活動時の対応】

20.　今年度初めての委員会活動の時間、委員長に選ばれた6年生がうまく司会をすることができずに突然黙ってしまい、話し合いが進まなくなりました。あなたはどのように対応しますか。

21.　縦割り活動で次回の活動を決めるとき、ふざけている3年生にリーダーの6年生が少し強い口調で注意すると、3年生の子が突然泣き出してしまいました。あなたはどのように対応しますか。

22.　あなたが担当する地区の1年生の保護者から「集団登校の時、歩くのが遅くてみんなについていけないと、班長が『早く来い』と怒るので、子どもが『学校に行きたくない』と言っている」との連絡がありました。集団登校班の集会のとき、あなたはどのような話をしますか。

**【気になる子への対応】**

23. 小3　今はやりのキャラクター鉛筆をたくさん持ってきて、仲のよい友達にあげていたことがわかりました。あなたはどのように指導しますか。

24. 小5　昼休みに早くボールをとるために、給食の後片付けの時に走って友達にぶつかり、食器を割ってしまいました。あなたはどのように指導しますか。

25. 小4　「音楽の時間、Aさんは毎回遅れて授業が始まってから音楽室に来るので指導してほしい」と音楽専科の先生から言われました。あなたはどのように指導しますか。

26. 小6　理科の実験の後、班の片付けをせずに遊びに行ってしまった子がいます。あなたはどのように指導しますか。

27. 小5　今日で3日連続体調不良で欠席した子がいます。家庭に連絡し、今日の夕方家庭訪問をすることになりました。あなたは本人とどのように話しますか。

28. 小2　給食の時間、並んでランチルームに行くとき、いつも割り込みをして友達とトラブルになる子がいます。あなたはどのように指導しますか。

29. 小5　月曜日の朝、毎週遅刻して全校朝礼の時に遅れてくる子がいます。あなたはどのように話しますか。

30. 小4　校外学習で調べたい内容ごとに班分けをしています。Aさんが黒板の班に名札をおくと、既に名札を置いていた子たちが他の班へ名札を移動させました。あなたはどのような話をしますか。

31. 小3　休み時間になると、同学年の子とは遊ばず、あなたと話をしたがってそばを離れない子がいます。あなたはどのように対応しますか。

32. 小4　いつもはあまり発表しない子が挙手したので指名すると、解答が間違っていて「そんなこともわからんの？」と冷やかした子がいます。あなたはどのように指導しますか。

33. 小5　席替えをしたとき、隣の子の机と離そうとした子がいます。あなたはどのように指導しますか。

34. 小2　好き嫌いが多く、給食をよく残す子がいます。あなたはどのように指導しますか。

**【保護者への対応】**

35. 小1　「下校時、Aさんに押されて田んぼに落とされ、服を汚して泣きながら帰ってきた」と、放課後保護者から電話がありました。あなたはどのように対応しますか。

36. 小3　仲がよい友達が座る時にふざけて椅子を引き、転んだ時に机に額をぶつけてコブができました。子ども同士は仲直りしています。椅子を引いた子の保護者に、どのように電話連絡しますか。

37. 小4　ある保護者から、「同じクラスのAさんが遊びに来て、『ゲームソフトを貸して』と言って持って帰った。子どもが『返して』と催促しても返してくれない。Aさんに返すように先生から言ってほしい」との連絡がありました。あなたは保護者にどのように話しますか。

38. 小3　友達に暴言を吐いたり嫌がらせをしたりして、他の保護者から苦情があがっている子どもがいます。今からその子の保護者との個人懇談です。あなたはどのような話をしますか。

**【地域の方への対応】**

39. 　地域の方から、「学校の帰り、4人の子どもが一人に鞄を持たせて、笑いながら帰っていた。鞄を持たされていた子は嫌そうな顔をしていた。これはいじめではないか」との電話がありました。地域の方にどのように話しますか。

## 中学校

### 【学級全体への対応】

1. 中1　入学式が終わった直後、教室に新1年生が入ってきました。担任であるあなたは初めての学級活動でどのような話をしますか。
2. 中1　初めての部活動に参加するクラス全員に話をしてください。
3. 中2　校内合唱コンクールの朝練に参加しない生徒に対して、一部の生徒から不満が上がっています。クラス全員にどのような話をしますか。
4. 中2　明日から職場体験学習でグループごとに実習先に集合します。生徒にどのような話をしますか。
5. 中1　教科担当初めての授業です。あなたの担当する教科の話も含め、自己紹介をしてください。
6. 中1　一学期の中間テストの返却時、そのクラスは学年平均よりかなり平均点が低いです。テスト返却時にどのような指導をしますか。
7. 中3　もうすぐ修学旅行です。クラス全員にマナーについて指導してください。
8. 中3　修学旅行から帰った次の日、旅行での体験を日常生活に生かせるように指導してください。行き先、交通手段は、自分で設定してください。
9. 中2　担任が、放課後誰もいない教室に行くと、黒板にある生徒の悪口を書いていました。あなたはどのようにしますか。
10. 中3　明日は、高等学校の受験です。クラス全員に話をしてください。
11. 中2　宿泊学習のグループ活動のとき、1班だけが集合時刻になっても戻ってきません。既に集合している生徒から不満が出始めました。あなたは待っている生徒にどのように話しますか。
12. 中1　体育祭の応援旗を作るために、クラスのスローガンを決めます。あなたはどんな話をしますか。
13. 中3　体育祭のクラス対抗大縄跳びで、毎朝全員が熱心に練習をしていたのに惜しくも準優勝でした。体育祭が終わり、教室に戻った時にどんな話をしますか。

**【気になる子への対応】**

14. 中1　授業中に机に伏せて寝ている生徒がいます。あなたはどのように指導しますか。

15. 中2　数学の教科担当より、「Aさんは、ずっと課題を提出しないので指導をしてほしい」と言われました。あなたはどのように指導しますか。

16. 中3　友達も多く、クラスのムードメーカーだった生徒が、最近休み時間に一人でいることが多くなりました。あなたはどのように声をかけますか。

17. 中1　部活動の顧問より「最近、Aさんが部活動をずっと休んでいます。部活動でも仲が良かった同じクラスのBさんとけんかをしたようだと他の生徒から聞いた」との話がありました。あなたは関係する生徒に対してどのように対応しますか。

18. 中2　授業中、教科書を出さないので注意しても、全く言うことをきかない生徒がいます。あなたはどのように対応しますか。

19. 中2　机間指導をしていたら、ノートを全くとっていない生徒がいます。どのように指導しますか。

20. 中3　きまりを守らない生徒が、「個人の自由」を主張してきました。あなたはどうしますか。

21. 中2　授業中に廊下で集まって話をしている生徒がいます。あなたはどのように指導しますか。

22. 中3　不登校傾向のある生徒の相談にのっていたら、「緊急の時に連絡を取りたいので、先生の携帯電話の番号を教えて」と言われました。あなたは生徒にどのように話しますか。

23. 中2　職員会議が始まる直前に、ある生徒が「友達のことで相談したいことがあります」と言ってきました。あなたはどうしますか。

24. 中1　ある生徒を注意したら、「なんで私だけ注意するの」と言われました。あなたはどうしますか。

25. 中2　　ある生徒が授業中に他事をして遊んでいたので、注意したら、「分からないので、他に迷惑をかけないように遊んでいます。教え方が悪いとは言いませんが、何か文句ありますか」と言われました。あなたはどうしますか。

26. 中3　　ある生徒が清掃をせずに遊んでいたので注意したら、「なぜ掃除をしないといけないのか分かりません。自分は汚していません。強制ですか」と言われました。あなたはどうしますか。

**【保護者への対応】**

27. 中2　　部活動の新人大会の後、顧問をしている部活動の保護者から「レギュラーに選ばれて試合に出場したが、大会後に急に『やめたい』と言い出した」との電話がありました。あなたは保護者にどのように話しますか。

28. 中3　　ある保護者から、「受験前なのに、夜遅くまで友達とSNSをしていて全く勉強をしない。子どもは『すぐに返信しないと仲間外れにされる』と言うので、相手の子を指導してほしい」との相談がありました。あなたはどのように対応しますか。

29. 中1　　ある保護者から、「小学校の時は、勉強のわからないところがあると先生がついて見てくれていた。中学校になって家で全然宿題をせず、勉強が難しくなったので親も教えてやることができない。放課後、教室で残して宿題を全部させてから部活動に行かせてほしい」と連絡がありました。本人は、部活動をとても楽しみにしています。あなたは保護者にどのように話しますか。

30. 中3　　ある保護者から「塾で忙しいので宿題を出さないでほしい」と言われました。あなたは保護者にどのように話しますか。

31. 中2　　夏休み明けから1ケ月欠席が続いている生徒の保護者から、「このまま欠席が続いたら高校へ行けなくなるので、なんとかしてほしい」との相談がありました。あなたはどうしますか。

**【地域の方への対応】**

32.　地域の方から、「自転車で横に並んで下校するので、危なくて車で通れない。きちんと指導してほしい」との連絡がありました。交通担当として、全校朝会で話をしてください。

33.　地域の方から、「帰宅途中に中学生がコンビニでたむろして座り込み、ゴミをちらかすなどお店や客である地域の方に嫌な思いや迷惑をかけている。きちんと指導してほしい」との連絡がありました。学年の担当として、学年団朝会で話をしてください。

34.　地域の方から、「小学生が田んぼでいたずらをしていたのを中学生が注意をしてくれたので助かった。誉めてほしい。」との連絡がありました。学年の担任として、学年団朝会で話をしてください。

35.　地域の方から、「中学生がよく挨拶をするようになってきた。誉めてほしい」との連絡がありました。ただ、全くできていない生徒もかなりいるようでした。学年団朝会で話をしてください。

**【参考文献】**

・文部科学省（2009）子どもの発達段階ごとの特徴と重視すべき課題「子どもの徳育の充実に向けた在り方について（報告）」

（山本木ノ実）

## コラム6 なくなった物を探す

（池西郁広）

# おわりに

本書は、学級経営の充実を実現させるためには、学級担任としての学級経営に関する基礎的な理解と子どもたちへの深い愛情が何より不可欠であるという思いから執筆がはじまった。そのような願いを込めて、タイトルを「子どもたちが育つ学級経営」とした。

執筆にあたっては、香川大学と山口大学の教員の協力を得て、新規採用者や若年教員にとって参考となる実践の書としたいという願いを込めてきた。そこで、小・中学校で具体的に取り組んでいる学級経営の大切なポイントや事例等も交えて掲載する形で全体を構成した。是非、教員をめざしている学部生、院生の皆さん、また教員として歩み出している方々にとって、教育実践の参考になるとともに、自分なりのより充実した学級経営へと繋げる拠り所の一助となればと願っている。

学級は学年団や学校に属している。学年団主任や他の担任とも連携し、学校全体や学年団の方針、子どもの実態も踏まえて、自らの学級で何ができるか、是非検討してほしい。学級担任としてできること・すべきことは多様にあるが、まずは欲張りすぎず基本的なことを大切にしてほしい。その際に、学級経営をどのように捉えるのか、まずはどのようなことに取り組もうとするのかを考えるうえで、基本的な点について本書での内容をヒントや視点として参考にしてほしい。

編集にあたっては、学級経営に関する基本的な考え方だけでなく、実際の実践事例や具体的な対応例も含めて、読者への読みやすさを大切にしながら行ってきた。特に、1章「学級経営と学級担任」の概説的な内容を踏まえて、2章以降では具体的な取り組みや多様なアイデアにつながるように、特に第4章では実践事例をもとにまとめることとした。さらに、交流人事教員として香川大学教育学部准教授として活躍された池西先生には、イラスト風に絵で表現することで、より一層親しみやすさや分かりやすさを強調していただいた。

周知のとおり、「学校の教員は、自己の崇高な使命を深く自覚し、絶えず研究と修養に励み、その職責の遂行に努めなければならない。(教育基本法第九条)。」と明記されている。目の前の子どもたちのことを思い浮かべながら、絶えず研究と修養に励むことは容易なことではないが、それだけ崇高な仕事であることを自覚してほしい。小学校教員の経験もある筆者が、皆さんに最も大切にしてほしいことは、目の前の子どもと真摯に向き合うということである。そのためにも、自己研修や教員としての自らを磨き高める姿勢が重要なのである。教師も人間であり、人生において多くの子どもたちや周囲の人々と関わりながら、どんどん自らの人間性、教師力を高めていかなければならない。

若い頃、先輩の先生に、「子どもの心がみえる教師」をめざす大切さを諭された。どれだけ実践できたのか、振り返ると恥ずかしい限りである。大量退職に伴い、若年教員も一気に増加している現在、校内研修等でも学級経営について取り組みたいが、働き方改革等の背景からも、なかなか時間を確保しにくい現状であろう。多忙感や拘束感を感じることが多くなっているとも言われるが、学校や学年、学級という組織の最大の鍵は人と人のつながりであり、互いの関係性である。そのためにも、互いに日々の笑顔を大切にしたいものだ。物事をみんなで推進していく際に、笑顔も大きな鍵であろう。

恩師である故徳永悦郎先生には、ご自身が学級目標に掲げていた「笑ってみよう」の言葉とともに、苦しいときも互いに笑顔で支え合い助け合うことが、一番影響力があるかもしれないことを教えていただいた。

**「笑ってみよう」**

悲しくなったら　笑ってみよう　　お腹の底から　笑ってみよう

腹が立ったら　笑ってみよう　　お腹の底から　笑ってみよう

ああ　笑顔はすばらしい

本書が学級経営の充実に向けて一層の推進となること、笑顔で学級経営が語り合える先生や学級が増えることを心より祈念したい。

令和6年3月

植田　和也

# 執　筆　者　一　覧

＊編著者

| | | |
|---|---|---|
| ＊山本木ノ実 | 香川大学教職大学院 教授 | はじめに、第２章Ⅳ、第２章Ⅴ、第３章Ⅰ、第３章Ⅲ、第３章Ⅳ、第４章Ⅳ |
| ＊植田　和也 | 香川大学教職大学院 教授 | 第１章Ⅰ、第１章Ⅳ、第１章Ⅵ、おわりに |
| ＊金綱　知征 | 香川大学教職大学院 教授 | 第２章Ⅱ、第２章Ⅲ |
| ＊松岡　敬興 | 近畿大学工学部<br>教育推進センター 教授 | 第１章Ⅲ、第１章Ⅳ、第４章Ⅱ |
| ＊藤上　真弓 | 山口大学教職大学院 准教授 | 第１章Ⅷ、第１章Ⅹ、第４章Ⅰ |
| 毛利　　猛 | 山陽学園大学 教授 | 第１章Ⅴ、第２章Ⅰ、コラム１ |
| 清水　顕人 | 香川大学教職大学院 准教授 | 第４章Ⅲ |
| 笹屋　孝允 | 香川大学教職大学院 准教授 | 第１章Ⅸ、第３章Ⅱ |
| 柊澤　利也 | 香川大学教育学部 講師 | 第１章Ⅺ |
| 岡　　静子 | 元香川大学教育学部 客員教授<br>（元香川県公立小学校長） | 第２章Ⅵ |
| 日下　哲也 | 香川大学教育学部 客員教授<br>（元香川県公立小学校長） | 第１章Ⅶ |
| 池西　郁広 | 元香川大学教育学部 准教授<br>（元香川県公立小学校長） | コラム２～６ |
| 佐々木啓祐 | 高松大学発達科学部 准教授<br>（元香川県公立中学校長） | イラスト |

子どもたちが育つ学級経営【第二版】
～安心な居場所づくりのために～

2020年９月30日　初版発行
2024年３月31日　第二版発行
定価　1,400円＋税

編　　者　山本木ノ実　植田和也
　　　　　金網知征　松岡敬興
　　　　　藤上真弓

編集事務局　香川大学教育学部　山本木ノ実研究室
〒760－8522
香川県高松市幸町１－１
TEL　087－832－1502

発　　行　株式会社 美巧社
〒760－0063
香川県高松市多賀町１－８－10
TEL　087－833－5811

ISBN　978-4-86387-187-8 C1037